本当にこわい！
学校の怪談
スペシャル
JN147143
実業之日本社

1章 これって本物!?
心霊写真アルバム

全国から送られてきた心霊写真を大公開！
キミがとった写真にも霊が写っているかも!?

山の中で

山にキャンプに行ったときにとれた心霊写真。写真中央の木に、体がすけた男の霊が写っている。この男は、キャンプ場がある山の中で自殺をした霊。この世に未練を残しており、そのため、地縛霊としてたえず山の中をさ迷っている。生きている人々が楽しそうにしていることに、いかりをいだいているようだ。写真からはうらみの念が感じられる。手元に置かないほうがいい。

あれ!?
腕がとうめいになっているぞ!

楽しそうな遠足の写真。だが、よく見てほしい。一番左にいる男の子の右手が一部、消えてしまっている。ひじを曲げたための影に見えるかもしれないが、それはありえない。

消えている位置がひじでは、左腕と長さが違い過ぎる。

これはいたずら好きな子どもの浮遊霊のしわざ。楽しそうな気配につられて現れ、いたずらをしたのだ。

だれもいないはずのベランダからのぞく顔

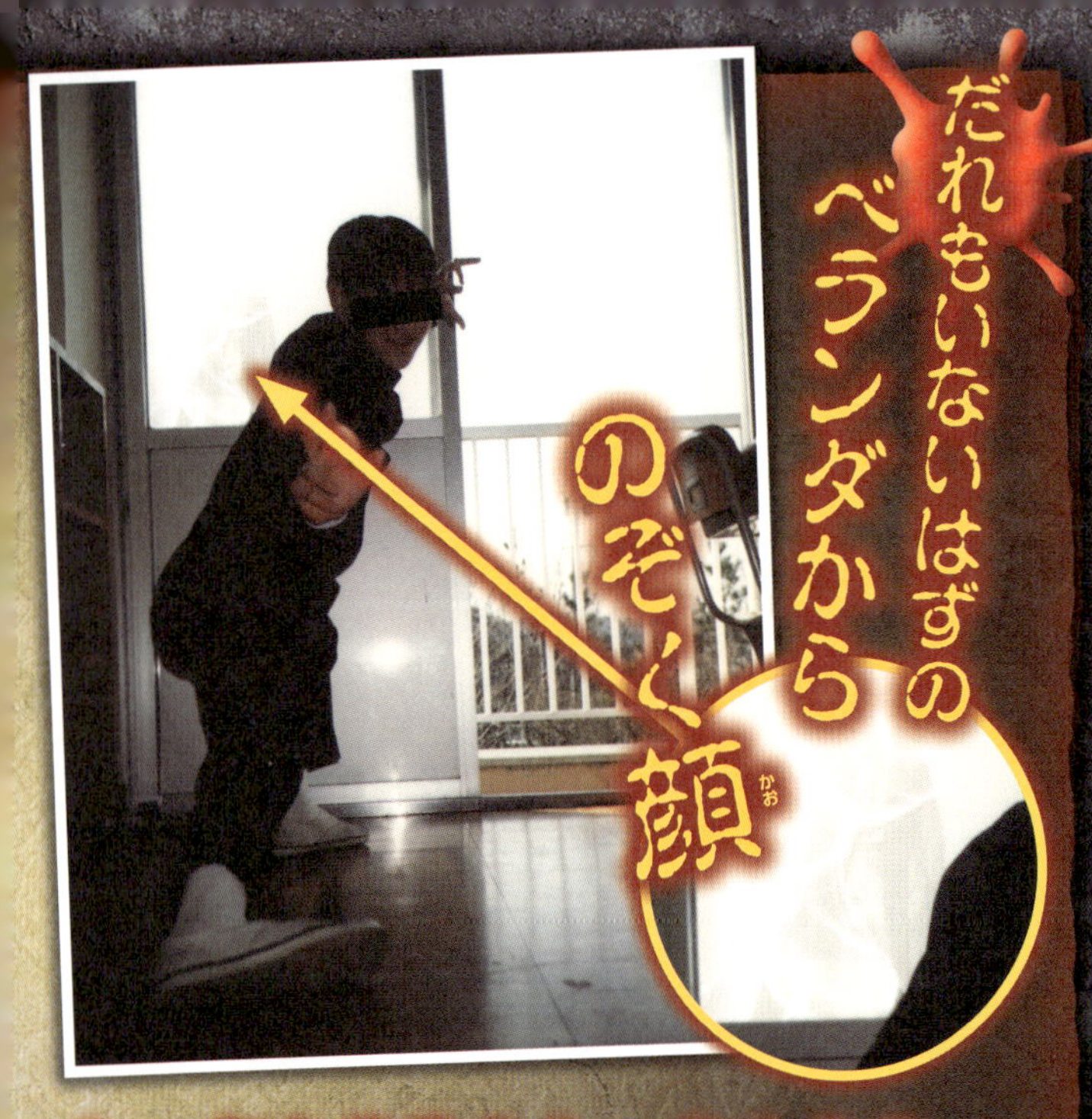

ポーズをとっている男子生徒の肩の奥に、不気味な女性が写っている。これは大昔に交通事故で亡くなった学校の先生。

生前、やる気にあふれた先生だったため、事故にあって死んだ後も、生徒たちが気になって、学校霊となってしまっている。見た目は恐ろしいが生徒に対する悪意はない。

この写真を持っていても問題はないだろう。

夜桜を見る会での1枚。写真上に、無数の光がただよっている。

これは桜並木がある道路で交通事故にあい、死んでしまった人々の霊が写ったものだ。

自分が死んだことをわからずに、地縛霊となっているため、成仏できず、この通りを永遠にさ迷い続けている。

早く成仏してくれるといいのだが……。

桜並木をとびかう無数の人魂

夕陽がしずむ海におぼれ死んだ霊が!!

旅行先の海で、水平線にしずむ夕陽をとった記念写真。その水面に、黒い人影が映っていた。影は太陽に向かってのびており、自然現象ではありえない。

これは、海でおぼれ死んだ人の霊が、影として写りこんだもの。写真からはすごくいやなオーラがただよっており、この霊が生きている人々をにくんでいることがわかる。

こちらを見つめる
巨大なひとみ

海外へ修学旅行に出かけた際の記念写真。日本では見かけない建物を何気なくとったところ、その上に大きなひとみが写っていた。

これは建物の前の道路で、いねむり運転していた車にはねられて亡くなった人の霊。

自分をはねた運転手に対する強いうらみと、突然死んでしまったことへの深い悲しみの念が感じられる。

苦しむ男の顔が岩はだに……

ある観光地で写真をとったところ、がけに人の顔が写っていた。

がけに現れた顔は、大昔にがけから身投げして自殺した男のもの。自殺をしたものの、思い残したことがあるため、死にきれず、地縛霊と化し、苦しみ続けているのだ。

生きている者に対する悪意が感じられる。写真は手元に置いておかないほうがいいだろう。

子孫を見守る守護霊の光

　クラブ活動での記念写真。左の子の周囲にあわい光が写っている。

　この光は、男の子の守護霊が写ったものだ。

　はっきりとした人の形でなく、守護霊のパワーが光となって現れている。

　この守護霊は、男の子の数代前の先祖であり、生まれたときから見守り続けているようだ。

　お守りと同じ力があるので大切に持っておこう。

戦時中の死者が水面に映った！

南の島へ旅行に出かけた際、水の中にいる魚をとったところ、水面に苦しそうな男の顔が映った。
これは戦争中に病気で死んだ人々の霊。顔はひとつしか映っていないが、複数の人々の苦しむ思いが集合体となったものだ。戦争の犠牲となった人々の苦しみが、写真からは感じられる。写真のそばに清めの塩を置いて浄化しつつ、成仏をいのろう。

心霊写真がとれてしまったら……

もし、心霊写真がとれたときのおはらい法を紹介！

白いふうとうに入れ、神社でおたきあげ

まず、白いふうとうに心霊写真を入れる。その後、神社に持っていき、浄化の炎で燃やして清める「おたきあげ」をしてもらう。火は危ないから、決して自分では燃やさないこと。

写真を入れるふうとうは何も書かれていない白いものにしよう。

清めの塩といっしょに置いておく

近くに神社がない人のため、自分でやれるおはらい法を教えるぞ。清めの効果がある塩を小皿に盛って、写真のそばに置いておこう。塩の力で写真が浄化されるぞ。

塩はしばらくすると、しけって固くなる。こまめに新しいものと変えよう。

2章

学校はどこでも霊がいる!

ゴーストクラスルーム

学校のさまざまな場所に霊は出没している。全国各地の学校で起こった心霊現象を、教室別に紹介するぞ。

放送室

群馬県　リョウジ

1学期の終わりごろ、放送委員のぼくは放課後に居残り作業をしていました。3階にある自分の教室で、明日の給食の時間に流す放送内容を確認していると、突然、教室のスピーカーから女の子の声が流れ出したんです。それは、まるでうめき声のようで、一体何ごとだと心配になったぼくは、急いで2階にある放送室に向かいました。しかし、放送室をのぞいてみてもそこにはだれもいません。さっきは作業に集中していたし、聞き間違えたのかな、と思い直したぼくは教室にもどりましたが、また、スピーカーから女の子の声が流れてきたんです。さっき聞いたときと同じうめき声。ぼくは再び放送室に向かいましたが、やはりそこにはだれもいません。

だれかのいたずらか、と疑ったぼくは、犯人を突き止めようと思い、放送室から一番近い2階の教室で待つことにしました。そこなら、だれかがいたずら目的で放送室を使っても、すぐに発見できる位置だったからです。

5分ほど待った後に、3度声がスピーカーから流れました。今度はうめき声ではなく、か細いけれどはっきりとした声が聞こえてきました。「たすけて……」という女の子の声が！ その声を聞いた瞬間、ぼくは教室を飛び出し放送室にふみこみました。でも、またもや放送室にはだれの姿も見当たらなかったのです。

一体どういうことなんだろう、とぼくがぼう然としていると、ぼくと同じように女の子の声を聞いた、ほかの子や先生たちが放送室

に集まってきました。みんなに「一体何があったのか」と聞かれましたが、ぼくにも何がなんだかわからなかったので、起こったことをありのままみんなに伝えました。ぼくをふくめたみんなが不可解な顔をするなかで、古くからこの学校にいる年配の先生が、「またか……」とぽつりとつぶやきました。

思い当たる節があるという先生に話を聞くと、昔、放送室で亡くなった女の子がいたそうです。彼女はぼくと同じ放送委員で、放課後に居残りで作業をしていたら、不幸な偶然による事故で強く頭を打ちつけ、頭から大量の血を流した状態で亡くなっているのを、夜の見回りをしていた用務員さんが発見。その彼女が亡くなった日は、今日と同じ日付けだというのです。その悲しい事故の日以降、彼女の命日、彼女が亡くなった時間のころになると、彼女と思われる悲痛な声がスピーカーから流れてくることがあるそうです。

ぼくが聞いたうめき声と「たすけて」という声。あれはきっと、亡くなった女の子の声なのだろうと、ぼくは思いました。彼女は事故にあったとき、放送室のスピーカーから、必死な思いで助けを求めていたのかもしれません。

図工室

東京都　さとりん

その日の図工の授業内容は、水彩絵の具を使って、自分の姿をかくことでした。私は絵をかくことが好きだったから、図工は一番好きな授業で、いつも楽しみにしていました。

しかし、その日の図工の授業では、うっかり絵の具を持ってくるのを忘れてしまったんです。あせった私は何気なく図工室のつくえの下をのぞくと、そこには12色の水彩絵の具セットが入っているのに気がつきました。絵の具箱の名前の欄はにじんでいて、だれのものかはわかりません。そこで、私は心の中で「ごめんなさい」と謝りつつ、その絵の具を借りることにしたんです。中身を確認してみると、青色や黄色など12色の絵の具がそろっていましたが、なぜか赤色だけがありませんでした。

画用紙に向かって絵をかき始めた私は、ない赤色をほかの色で補いつつ、頭から足まで、自分の全身をしっかりかいたその絵を、赤色がないせいで苦戦はしたものの、なんとか完成させることができました。そして、最後の仕上げに、画用紙の裏に名前を書いてから、先生に提出したんです。

その次の日、図工室のかべに、みんながかいた絵がかざられました。私も、自分のかいた絵を探してみましたが、絵が見つかりません。なぜか自分の絵だけがかざられていなかったのです。不思議に思って絵をながめていると、先生に「ちょっと、いらっしゃい」と声をかけられました。

先生といっしょに図工室の準備室に入ると、先生は少し困ったような様子でした。そんな先生の様子を不思議に思っていると、先生は「……昨日、かいてもらった絵なんだけど」と、言いながら目線をテーブルに向けました。テーブルには自分の名前が書かれた画用紙が1枚。先生は「おどろかないでね」と前置きを入れてから絵を裏返し、見せてくれました。

そこには昨日、自分がかいた絵に、なかったはずの『赤色』が加えられていました。その赤色は、自分の左腕の部分にべったりとぬられていたんです。

「何これ⁉　だれがこんなことを」と私はとてもおどろきました。先生はせっかくかいた絵を台なしにしてしまったことを謝ってくれましたが、昨日、みんなの絵を回収した後、準備室に絵を置いて、とびらにはカギをかけたから、だれも絵にふれることはできなかったはずだ、とも言ったのです。

後日、私は図工室でおこなわれた彫刻の授業で左手にケガを負いました。偶然かそれとも——彫刻刀でざっくり深く切ってしまった左手からは血があふれ、血を流す私の姿は、まるであの絵のようだったんです……。

トイレ

三重県　ふーみん

うわさ話が好きな私とS、Yの3人は、ある日、職員用女子トイレに幽霊が出るといううわさ話で盛り上がっていました。話をおもしろがった私たちは、人の姿がまばらになった放課後に、先生たちがいないことを確認して、職員用女子トイレにこっそりと侵入したんです。

「うわさでは、真ん中の個室トイレに幽霊が出るって」

「えー？　一番左だって私は聞いたよ」

「いじめを苦にして、トイレで自殺した子の霊が出るんだよね？」

「えっ、トイレで殺された女の先生の霊が出るんじゃないの？」

そんななんの根拠もない話をしながら、順々に個室トイレやロッカーの中をのぞいていると、突然、Yが悲鳴をあげたんです。おどろいて私とSがYを見ると、Yは流し場の大鏡をじっと見つめながら体をふるわせていました。

「か、鏡に……！　Sが……！」

何ごとかと、鏡を見ると、Sの姿はどこにも映っていなかったんです。そして突然、個室トイレのとびらが大きく音を立てました。音のした方向にふり返ると、そこには、ずぶぬれの女の霊がいたんです。そして、幽霊はSのほうを見つめ、指をさしてこう言いました。

「――次はお前の番だ」、と。

恐怖のあまり、私たちは一目散ににげ出しました。そして、もうだいじょうぶだろう、というところまで走った後に気がついたんです。Sの姿がないことに……。

理科室

福岡県　真悟

これはぼくが理科室で体験した話です。その日は理科室のそうじ当番のため、ぼくは理科室にいました。

ぼくと同じく、そうじ当番だった女子Mとたわいもない雑談を交わしながらそうじを進めていると、額からいくつものあせがこぼれ始めました。

「何か、この部屋すごく暑くない？」

Mもぼくと同じようにはだにあせをうかべ、それを手でぬぐっていました。季節は秋になり、その日の気温ははだ寒いくらいでした。窓をしめ切っているせいかなと、窓を開けようとしましたが、なぜか窓は開きません。建てつけが悪いのかと、2人で奮闘していると突然『ガシャーン!!』とビンが割れるような音が聞こえてきたんです。音は理科室とつながる準備室からでした。

ぼくたちは準備室の様子を見ようとしましたが、準備室に近づくにつれ、どんどん暑くなっていくことに気がつきました。あせをダラダラと流しながら準備室の前まで来て、とびらの取っ手にふれると、やけどするくらい熱くなっていました。

異様な状況をおかしく思っていると、準備室のとびらが勝手に開きました。そして、中から出てきたモノに、ぼくたちは声を失いました。準備室から、全身火に包まれた男が現れたんです!

ぼくたちはとっさに後ろに下がりました。そしてふたつある理科室出入り口に向かってそれぞれ走りました。しかし、窓と同じく出入り口は両方とも開きません。

火に包まれた男はフラフラとMのほうに近づいていきました。そして、彼女の近くにせまると、火に包まれた腕をMのほうに差し出してきたのです。

ぼくは恐ろしくてたまらなかったけれど、『Mを守らないと』と思う一心で、辺りを見回しどうにかできないかと、脳をフル回転させました。そして、近くにあった消火器を見つけ、それを男にめがけて無我夢中で噴射したんです。消火器から放出された粉末で理科室は真っ白に染まり、男もMの姿も見えなくなってしまいました。

「M！　だいじょうぶ⁉」

ぼくが大声をあげると、ぼくのいたほうの出入り口が突然開きました。入ってきたのは、理科室の異変を察知した先生でした。

粉末が落ち着き、視界が晴れてきて、ようやくぼくと先生は、反対側のとびらの前に、しゃがみこんでいるMを見つけることができました。彼女の近くには、火に包まれた男の姿はありません。残されたのは、準備室からのびている、こげた足あとだけ……。

ぼくたちが体験したことを先生に説明すると、先生が複雑そうな顔をして、過去に準備室で火災が起き、準備室にいた1人の生徒が大やけどを負い、亡くなったことを教えてくれました。

準備室から現れた男は、その亡くなった生徒だったのだろうか、とぼくが口に出すと、Mはぼくの考えに同意するようにポツリと言葉をもらしました。「あのとき、あの火まみれの人は、私のほうに手をのばしながら『熱い、助けて』って言ったの……」と。

音楽室

大阪府　うっちー

「音楽室にかざられている音楽家の肖像画から、幽霊が出てきて、夜な夜なピアノをひいている」と、クラスメイトたちが話しているのが、耳に入ってきたんです。話に興味を持ったわけではありませんが、幼なじみのAが昔からピアノを習っていて、音楽室でよくピアノをひいていることを知っていたので、『音楽室』のうわさはなんとなく頭に残ってしまったんです。

そんなうわさを聞いた次の日。ぼくとAがおそくまで学校に残っていたときの話です。「さぁ、帰ろう」と校門に足を進めていると、どこからかかすかにピアノの旋律が聞こえてきました。職員室に音楽の先生が残っていたことを知っていたので、ひいているのはその先生だろう、とぼくは思いましたが、その音を聞いたAが、突然、校舎にもどると言いました。ぼくがAに理由を聞いても、彼女は答えずに音楽室に向かっていきました。

音楽室に近づくにつれ、ピアノの音がしっかりと聞こえてくるようになりました。でも、流れてくる曲に、聞き覚えがありません。

音楽室の前までたどりついて、少しだけ開いていたとびらから中をのぞきこむと、ピアノの前に座っているだれかの姿が遠くに見えました。その背が低かったので、音楽の先生ではないことに気づいたぼくは、とっさにクラスメイトたちが話していたうわさを思い出しました。「音楽家の幽霊……？」と背筋に冷たいものが流れましたが……。

「……Sちゃん？」

とびらを開けたAが、ぼう然とした様子で、ピアノをひくだれかに声をかけたんです。ピアノをひいていたのは、Aよりも少し幼く見える女の子でした。その子は、ぼくたちのほうにふり向くと、うれしそうに笑った後、フッと、姿を消してしまったんです。「幽霊!?」と、ぼくはびっくりして声をあげました。おどろいてAのほうを見ると、彼女は静かに泣きながらも、でもうれしそうな表情をうかべているのが見えたんです。

Aのなみだが止まった後、彼女に話を聞いてみると、先ほど見た幽霊は、1年前に亡くなった友だちのSだったというのです。そして、彼女がひいていた曲は、AとSがいっしょに作った曲で、彼女たちしか知らない曲だったからこそ「もしかしたら」と音楽室に向かったのだと。

なぜ、彼女は音楽室でピアノをひいていたのかな、とぼくが疑問に思って聞くと、Aは「あの曲、作ったのはいいけど、Sちゃんも私もうまくひけたことがなくて。どっちが先にうまくひけるか競っていたの。天国に行く前に、練習して、私に聞かせてくれようとしたのかも」と、笑って言ったのです。

図書室

宮崎県　カナリー

読書がきらいな私は、本だらけで静かな雰囲気ただよう図書室が苦手でした。しかし、社会の授業の宿題で、どうしても図書室にある資料を調べないとならなくなり、いやいやながら図書室を利用することになったんです。ほとんど利用したことがない図書室。探している本がどの辺にあるかもわかりませんでした。でも、カウンターにいる図書委員の子は、私が苦手な女の子だったので、意地でも自力で目的の本を探し出そうと思いました。

図書室の本だなは私には高くて、一番上の段にある本は、ふみ台がないと手がとどきません。探している本を上から2段目のたなに見つけて、背をのばしながら取ろうとすると、目的の本とその近くにあった本がいっしょにバサバサと下に落ちてきたんです。図書室に大きな音がひびき、ばつが悪い思いをした私は、まずは落ちた本をたなにしまおうとしました。めんどうくさがらずふみ台を持ってきて、きちんと本をしまおうとしたそ

のとき。本が落ちたことで空いたスペースから、ギョロリとした目玉がのぞいていたんです！　おどろき、ふみ台から落ちてしまった私は、「たなの後ろからだれかがのぞいていたのかな」と考えましたが、あることに気づいて、図書室から急いで飛び出しました。

私のいたたなの反対側にはかべしかありません。では、一体あのとき、『何』がのぞいていたというのでしょう？

教室1

山口県　イモケン

ぼくとクラスメイトのSは、家が近所同士のため小学校に通う前からいっしょに遊ぶ仲で、家族ぐるみの付き合いもありました。

ある日、ぼくとSが2限目の授業を受けていると、突然、Sが苦しみ、うめき声をあげ始めました。何事かと、クラス中の視線がSに集まるなか、先生がSに「だいじょうぶか!?」と声をかけながら、背中をさすりました。すると、Sが突然はき始めたんです。Sがはいているのはほとんどが水で、どんどんはき続けた結果、Sのつくえの周りは水びたしになってしまいました。

時間にして2分ほどでしょうか。ようやくはき気がおさまっても、彼の顔は青白くぐったりしていて、びっくりするくらい体が冷たかったんです。ほとんど意識のないSはすぐに保健室に運ばれていきました。

一体なんだったんだと、ほかのクラスメイトと同様におどろいていたぼくは、Sの体調を心配するのと同時に、あんなに大量の水がSの体のどこにあったのかと疑問に思いました。

　お昼の休み時間になってもSが教室にもどってくることはありませんでした。心配になって、Sの様子を見にいこうと保健室に足を運びました。しかし、保健室にも、Sの姿はありません。

　職員室で担任の先生にSの体調をたずねると、Sが4限目前には意識を取りもどして、とくに体に異常はないこと、そして少し困ったような顔で、Sがいない理由は多分、明日教えることになるだろうと、ぼくに言いました。

放課後、Sを心配しながら家に帰ると、お母さんが出むかえてくれました。

でも、お母さんの様子がおかしかったんです。

「どうしたの、お母さん？」

「ああ、お帰りなさい。あのね、Sくんのお家のことなんだけど……」

お母さんの話ぶりからSのことだと思い、もうお母さんもSのことを知っているんだと思いきや、どうやら違いました。

「……Nちゃんが、亡くなったんですって」

それを聞いてぼくはすごくびっくりしてしまいました。Nちゃんは、Sの双子の妹で、ぼくたちが通う学校と違う、私立の小学校に通っていました。

お母さんが言うには、Sのお母さんにお昼前くらいに警察から連絡が入り、電話があった時点ではすでにNちゃんは亡くなっていたそうです。その知らせを聞いて、Sのお母さんがすぐに遺体がある病院に向かったんだそうです。

それを聞いたぼくは、今日、Sが学校にいなかった理由が、Sもその知らせを聞いて、病院に向かったからだとわかりました。

「Nちゃん、9時か10時ごろに池でおぼれて亡くなったそうよ」

9時か10時――Sが突然水をはき始めたのもその時間でした。

そして、その話を聞いたとき、双子には不思議なシンクロがあるらしいという話を思い出しました。Sが突然、大量の水をはいたのは、もしかしたらNちゃんの苦しみにシンクロしてしまい、おぼれた彼女がそのとき感じていた苦しみを、はなれた場所にいた双子の兄であるSが感じ取ってしまったからなのかもしれません。

スクールバス

北海道　なちゅ

ぼくの通う小学校は田舎といっていい場所にあります。家から学校までの距離は遠く、ぼくはいつもスクールバスを利用して学校に通っていました。

その日の授業が終わり、帰りのバスに乗っていたのは、ぼくと幼なじみでクラスメイトのMだけでした。バスの運転手さんはいつものおじさんではなかったので、めずらしく思い、そのことを運転手さんに聞いてみると、「いつもの人がかぜをひいて、代わりですよ……」と言葉少なく答えました。

ぼくたちを乗せたバスは、帰り道の途中にある不気味な貯水池の道沿いで、パンクしたせいでストップしてしまいました。運転手さんが道具箱を持って外に行くのを見送った後、ぼくはMといっしょにいられる時間が増えたと、内心喜びつつ、彼女とのおしゃべりに夢中になっていました。すると、車体がガタッとゆれました。運転手さんが乗りこんだ音だと思いましたが、ぼくたち以外に人の姿はありません。何のゆれだろうと不思議に思っていると、運転手さんがもどってきて、バスは何事もなく発進しました。

そのころには辺りはすっかり暗くなっていました。ぼくは家に連絡を入れようと携帯を取り出しましたが、うっかり手からすべった携帯は床を転がり、自分が座るイスの下に入りこみました。ぼくが手探りで携帯を取ろうと、イスの下に手を入れた瞬間。ぼくの腕を『何か』がつかんだんです。

とっさに手をふるい『何か』をふりはらいましたが、その瞬間Mが悲鳴をあげました。となりのM

を見ると、Mはパニックになりながら、足をジタバタさせていました。

水でふやけた気色悪い腕が、彼女の右足をつかんでいたんです。ぼくはMを助けようと、彼女をつかむ腕をけっ飛ばし、Mの手を取りました。気づけば、バスはいつのまにか止まっていて、運転手さんの姿も見当たりません。

ぼくはMの手を取って、バスの入り口にたどりつき、後ろをふり向くと、さっきまで座っていたイスの下から、全身ずぶぬれの不気味なモノが、ズリズリとはい出ようとしているのが見えました。ぼくはふるえるMの手をにぎったまま、バスを飛び出して真っ暗な夜道に飛び出しました。

もうこれ以上走れないというところまで走り、2人で道ばたにしゃがみこんでいると、目の前に1台のバスが止まりました。「あのバスが追いかけてきたんだ」と恐怖に身をすくめていると「こんな場所でどうしたんだい？」と、いつもの運転手のおじさんが運転席から声をかけてきました。

聞けば、おじさんはいつも通り、スクールバスを走らせていたそうです。では、ぼくたちが乗ったあのバスは一体なんだったのでしょうか？

教室2

新潟県　はちみつレモン

私は食べることが好きで、毎日、給食の時間が楽しみでした。好ききらいもないので、いつも残さずきれいに食べ、食べられないクラスメイトからこっそりおかずをもらって食べてしまうこともありました。

仲のいい友人のAは私とは逆に小食で、好ききらいも多い子でした。そのため、いつもおかずを私に分けてくれる子だったんです。

とある日の給食時間。献立を見た私は、今日のおかずがAのきらいなメニューだと知り、「今日もおかずもらえちゃうな♪」と密かに喜んでいました。給食の配ぜんが終わり、食事が始まると、私は対面で食べている彼女のほうを見ました。すると、めずらしいことにAはすごい勢いで、ガツガツと給食を食べていました。「よっぽどお腹がすいていたのかな」と思ってAを見ていると、彼女はあっという間に食べきり、「そのおかず、ちょうだい！」と、私のお皿に残っていたおかずも取って食べてしまいました。

鬼気せまる様子で食事をするAの姿は、いつも物静かなAとはかけはなれたものでした。給食の時間が終わり、5限目の授業、そうじの時間と過ぎていくなかで、Aの異変は変わらず、すきがあれば、水を飲みに行っていました。やせ気味なAが、蛇口に口をつける勢いで水をガブ飲みする姿は、あまりに異様な光景でした。

そんなAを心配で見つめていると、Aの肩の辺りに、小さい子どものような影が、何人も乗っかっているのを見てしまったんです。

見間違いかと思い、目をこすると、影は消えました。でも、今見た光景に胸さわぎが止まらず、「一体どうしたの!?」と、Aに聞いても、彼女は苦しそうに「お腹すいたよ……お腹すいたよ……」とくり返すだけでした。

放課後、Aが心配だった私は、彼女を家に送ってあげようと思い、いっしょに帰りました。そしてその途中で、私たちはお寺の前を通りかかりました。お寺の前では、お坊さんがそうじをしていましたが、お坊さんはびっくりした様子で「そこのキミ！」と、Aに声をかけてきたんです。

なんだろう？　と、お坊さんのほうに行くと、お坊さんは突然Aの両肩にポンと手を置きました。すると、あんなに苦しそうにしていたAがキョトンと、何がなんだかよくわからないといった顔をしていました。そんなAに向けて、お坊さんは「もうだいじょうぶだよ」と笑いかけたんです。

お坊さんによると、Aには子どもたちの霊が取りついていたんだそうです。その子たちは、戦争のせいで、ご飯を食べるに食べられず、お腹をすかせたまま亡くなったかわいそうな霊たちなんだよ、と教えてくれました。

これはオレが小5のときの話
シュッ。
あの…ありがとう斉藤くん
届かないなら無理すんな
ヒュー♥ヒュ～

旧校舎

南野まりこ

斉藤と園村の周りだけ暑くねーか？この教室～？
は!?
うブうブ～

んなわけねえだろ!!
素直になりなよ～

オレは園村なんかどうでもいいっつーの!!

私…
ゴミ捨ててくるね…
タッ
あ…
あーあ
あいつ泣いてなかった?
話を…聞いて…あげるよ…
タッ
タッ
タッ
…こっちに…おいで
!
タッ
タ
……だれ?
立入禁
園村?先生の質問聞いてなかったか
……はい
すみません

このごろ ぼんやり しすぎだぞ
はい… すみません
最近窓の外 ばっかり 見てるな…
何が…
旧校舎の 3階？

園村が いない？
いっしょに 帰ろうって 言ったのに
どこにも いないの
……

もしかして
旧校舎の
3階に
いるかも
オレ探して
くるよ!!
なあ旧校舎の
3階って確か
「あかずの教室」
がある……
あ!
昔そこで自殺した
やつがいるって
いううわさの?
なぞの事故が続く
からって使われなく
なったって
私…なんて
……
悪くない…
キミを悲しませる
やつの言うこと
なんて気に
しなくていい
ぼくならキミに
そんな思いは
させないのにな
中にだれかいる?
…園村と…?

——だからね
ガラ
だれかいるのか!?

急に寒気？
も、もう
下校時間だぞ

園村も早く帰ろうぜ?
じゃましないでよ

!?
バッ
なんだこいつ!?
帰らないの
斉藤くんは私なんていてもうっとうしいだけでしょう
私なんてどうでもいいって言ったじゃない
そんなところ私はいやよ

彼女はもっといいところへ行く
簡単さ
そのイスにのぼって
窓を開けて外へ一歩ふみだせば――
ヒュオオ
ぼくと同じ世界へ行ける
だから
じゃまするな
まさかこいつ昔ここで自殺した…!?
園村!
こんなところにいちゃダメだ!
目を覚ませよ!!

私なんてどうでもいいって…
どうでもいいわけないだろ！
ごめん！あれは違うんだ
園村がいないと毎日学校がつまんないよ
だから
いっしょに帰るぞ！
ダッ

おいでよ…
ねえ……

何してるお前たちー

下校時間過ぎてるぞ～？早く帰れ～
は…はい

なんだったんだろう…

あ…あの

わっ

ごめん

あのときつかまれたあとがアザになりしばらく消えなかった

ほどなくして旧校舎はとりこわされたが

あの霊がどうなったのかはだれも知らない

3章

七不思議は十人十色!?

学校の七不思議

多くの学校に存在する学校の七不思議。でも伝わっている七不思議の内容は学校ごとにまったく違っているのだ!

○×県A校の七不思議

雨の日、砂場の一部が赤くそまることがある。その下には**赤ちゃんの死体**がうまっている。自分の子どもを殺した殺人鬼がうめたのだと言われている。

校門から校舎まで続いている桜並木の中に一本だけ、**まったく花をつけない木**がある。その木で自殺した男の子がおり、亡くなった年に真っ赤な色の花がさいた後、まったく花がさかなくなったと言われている。

げた箱の中に、**血まみれの手首**が入っていることがある。その手首にふれた人は、みな、手に大ケガをするという。

午前0時、駐車場を上半身だけのおばさんがはいまわっていることがある。昔、その駐車場でトラックにはねられて**下半身がグシャグシャ**になって死んだおばさんの霊だと言われている。

図工室の奥に置かれているポーズ参考用の人形が**満月の夜**におどり出す。満月の夜に自殺した元の持ち主の霊のしわざ。

終戦記念日の夜、校舎の裏にある古びた石碑から**うめき声**が聞こえてくる。終戦まで生き残ることができなかったくやしさから、戦時中に亡くなった人々の霊が声をあげているのだという。

理科室の薬品だなの中には、**人間の生き血**が入ったビンがあるという。でも、黒色のビンがたくさんあるため、どのビンに入っているのかはだれも知らない。

@#県Z校の七不思議

大人用女子トイレにある開かずの間には、ずっと恋人にメールを打ち続けている女幽霊がいる。

玄関前にある聖母子像は、夜になると、母親の目が光り、子どもの像からは血のなみだが流れるという。

校門のそばにある花だんに何も植えられていないのは、いくら植えてもまったく芽ぶかないため。昔起こった殺人事件の死体がその花だんにうめられたことがあり、その死体の怨念でそれ以降まったく芽ぶかなくなったという。

焼却炉の煙突には**子どもの生首**がつまっている。長年、熱されていたため、真っ黒になっていて、もはやだれの死体かわからなくなっている。

パソコンルームの片すみにあるオンボロパソコンには、**児童が自殺**している様子が収められた動画データがねむっている。その動画は子どもじゃないと見えず、大人が見ると何も映っていないという。

毎年×月○日の夜、スピーカーから**サイレン**が聞こえてくる。その日は戦争中に空襲があった日。

夜、1階のろうかに**白い人影**が現れることがある。雨の日にろうかを走って転んで亡くなった1年生の男の子の霊だと言われている。

☆県K校の七不思議

足洗い場の蛇口から**赤い水**が出てくることがある。昔、学校で殺人事件があった際、足洗い場で凶器の包丁が洗われていて、被害者の霊の怨念が血のように赤くしているのだという。

屋上にある避雷針に雷が落ちたとき、避雷針に人がつきささった影が見える。その影は、戦国時代に槍でつかれて殺された**武将の霊**だという。

旧校舎の4階にある使われていない教室は、夜になると子どもたちの霊が授業を受けている。戦時中に亡くなった**児童の霊**だという。

玄関にある女の人の像は、**満月の夜**、ひとりでに動き出し、学校内を散歩している。

校舎の外にある**非常階段**は、あるとき、13段になっていることがある。その階段を登りきってしまった者は、全員、身投げして自殺してしまっている。

テニスコートにあるかべ当て用のかべに、**「タスケテ」**と見えるひび割れがある。そのひびは、テニスコートの工事中、心臓発作でたおれ、まだ固まっていないコンクリートの中に落ちてしまった作業員の霊の苦しんだ思いがひびとなって現れたものだと言われている。

図書室には**呪われた本**がある。その本を借りてしまった者は、3日以内に死んでしまう。

？＆県F校の七不思議

4年2組で授業参観がおこなわれると、クラスのだれの親でもない人が見学している。昔、その教室に我が子が通っていたものの、授業参観の当日に**交通事故**で亡くなった母親がおり、その霊だと言われている。先生はその霊の存在に気づいているが、みょうなうわさが立つのをさけるため、だまっているらしい。昔、その霊の存在に気づいた若い女の先生が授業参観中に気絶したこともあるという。

うちの学校の校歌には先生も知らない4番がある。4番をすべて歌った人は必ずひさんな死に方をする。その**4番の内容**も、かなりひさんで、両親の手で殺されてしまった双子の女の子が殺される様子を歌ったものだという。

運動場のすみの倉庫にあるサッカーボールかごの中に、**男の子の生首**が入っていることがある。交通事故で死んでしまったサッカークラブの男の子の霊だと言われている。

屋上のはしに、**人型のシミ**がある。そのシミは屋上から身投げした男の子が地面に落下して死んでいたときから現れていて、その死体と同じポーズをしているのだという。そして、いくら消そうとしてもまったく消えない。

正面玄関の横には歴代卒業生の卒業写真がはられている。**戦時中の写真**のなかには、霊が写っているものがある。先輩のおじいさんがその年の卒業生で、戦争で死んだはずの友だちが写っているのだという。でも、どの写真のだれが霊なのかは伝わっていない。

職員室のはしにあるボロボロの金庫には、**白骨死体**がねむっている。暗証番号がわからなくなっているため、ずっと開けられておらず、先生たちも何が入っているか、はっきりとは知らないらしい。

深夜の体育館に、**無数の人魂**がういていることがある。体育館が講堂だったとき、戦争中に病院代わりに使われていて、そこで死んだ人たちの霊だという。

！％県○校の七不思議

8月8日の夜、プールの水が赤くそまる。戦時中に亡くなった人たちが苦しがっている思いが血の色となって現れたのだという。

裏庭にある池の底には、くさった死体がうめられている。ただ、すごく深くうめられているため、まだ見つかっていない。

音楽室にあるピアノの一番はしのけんばんは、何度も修理されているが音が鳴らない。音楽部だった女の子が交通事故で死に、その怨念のせい。

家庭科室では料理をしていないのに、こげたにおいがすることがある。昔、家庭科室で油をかぶり、**焼身自殺**した男の子の霊のしわざ。

校長室のソファの中には、**長い黒髪**がたくさん入っている。職員室で自殺した女の先生の霊のものだという。

飼育小屋でかっている**黒ウサギの目**が血のように真っ赤になることがある。昔、いたずらっ子がいたずらでウサギを殺したことがあり、そのウサギの霊が、生きているウサギにとりついているためだという。

保健室のベッドはひとりでにゆれることがある。突然の体調不良で、そのベッドで死んでしまい、**地縛霊**となった女の子がまだ苦しんでいて、ベッドをゆらしている。

気になる音楽室

1
放課後の音楽室
ベートーベンの絵の目が動くという……
2
山野先生…
いけないわ 川田先生…
3
だれも見ていないさ…
4
ラブ ラブ
ベートーベンガン見してるー!

4章
学校の怪談の有名人!?
メジャー学校怪談

怪談好きならだれもが知っている超有名な学校の怪談を紹介。知らないと、クラスで笑われてしまうかも!?

トイレの花子さん

数多くある学校の怪談のなかで、一番有名な話は何かと考えるなら、それは『トイレの花子さん』で間違いないだろう。

女子トイレに現れるというこの幽霊の話を、あなたも一度は聞いたことがあるのではないだろうか？　そして、もしあなたが女の子だったなら、自分が通う学校のトイレに、花子さんが実際に出てこないか確かめてみた、なんて経験をした人もいるのではないだろうか？

『花子さん』の怪談は有名過ぎるだけに、花子さんの呼び出し方、花子さんが現れる場所、花子さんと出会ったときにどういった展開をむかえるのか、そして花子さんの正体など、そのうわさの内容には、地域によって細部が違っていたり、さまざまなバリエーションが存在する。

一番、オーソドックスな『花子さん』のうわさといえば、女子トイレの奥から３番目の個室トイレのドアをノックして、「花子さ～ん、あ～そびましょ〜」と呼びかける。すると、「は〜い」という返事とともに、赤いスカートをはいたオカッパ頭の女の子が現れる、というものだろう。

そして、花子さんが返事をした後の展開は、うわさによってあったりなかったりもする。一例をあげると、花子さんは現れるといっしょにかくれんぼをしようとさそってくるそうだ。もし、かくれんぼをしてしまうと、トイレの個室に閉じこめられて、二度と出てこられないとか……。

口さけ女

学校からの帰り道、1人の小学生が、赤いコートを着た女の人に声をかけられた。マスクで顔をかくしていたその女性は、その子に「ねぇ、私きれい？」と聞いてきた。子どもが「お姉さんはきれいだよ」と答えると、女性は自分のマスクをはいで、「これでもか!!」とさけぶ。彼女の口は耳までさけ、まるで怪物のような顔をしていたのだ。彼女はかくし持っていた鎌を取り出し、子どもの口に鎌を入れ、耳までさいてしまった……。

『口さけ女』は、整形手術に失敗して口がさけてしまった女性が、そのうらみをはらすために、小学生を襲う、という恐ろしい内容の怪談だ。

この話の怖いところは、『同じことが自分の身にも起こりえるかもしれない』と思える点ではないだろうか。もし、あなたが本当に口さけ女と出会ってしまった場合は、「ポマード」と2回くり返すとにげていくという話もあるので、ダメで元々であきらめずに試して、無事にげ切ってほしい。

ムラサキババア

言葉は悪いが、ババア（老婆）の現れる怪談はいくつかある。有名なものをあげれば、時速100キロメートル以上で走り、車を追いこしていく『ターボババア』や、ホッピングで落下してきてジャンプで車を飛びこしていく『ホッピングばあちゃん』など。そして、学校に現れるババアとして有名なのが『ムラサキババア』だ。

ただし、このムラサキババアは、おどろかせてくるだけで基本的には無害なほかの老婆たちと違い、とても危険な幽霊、もしくは妖怪なのだ。

ムラサキババアは、むらさき色の服、もしくは着物を着て、むらさき色の口紅をつけた、全身むらさき色の老婆だという。

老婆はトイレに現れ、老婆に襲われた人物は、内臓をぬき取られたり、金縛りにあったりして、最終的には死んでしまうらしい。ムラサキババアを撃退するためには、「ムラサキ！ ムラサキ！ ムラサキ！」と唱えればいい、

と言われている。

　このムラサキババアは、なぜ学校のトイレに現れるのか、どうして内臓をぬき取るのか、全身むらさき色の老婆になぜ「ムラサキ」と3回唱えると撃退できるのか、など、なぞな点が多い。

　怪談には、その話の元になるルーツが存在するものだ。ムラサキババアの場合は、トイレの神様だという説や、学校で孫を失った老婆だという説など、さまざまな説があるようだが、本当のところは判明していない。

こっくりさん

『こっくりさん』は狐や狗（犬）、狸の霊を呼び出す術もしくは儀式で、こっくりさんの『こっくり』は漢字で『狐狗狸』と書く。『キューピッドさん』や『エンジェルさま』、『キラキラさま』と呼ばれる遊びも、こっくりさんから派生したものだと言われている。

この術をおこなうには、アイウエオからンまでの五十音と、『はい』と『いいえ』、『男』と『女』、そして鳥居を書いた紙と、十円玉を用意する。そして、紙の上に十円玉を置き、何人かの人が、その十円玉に人差し指をのせ、「こっくりさんこっくりさん、もしおいでになられましたら、『はい』へお進みください」と言って待つのだ。

これで、『はい』と書かれた文字の上にまで、指をのせた十円玉が動き出せば、こっくりさんが来た証拠だ。こっくりさんが訪れた後は、「こっくりさん、こっくりさん」と呼びかけ、聞きたいことを質問すると、十円玉が勝手に動き出し、一字一字指示して質問に答えてくれる、という。

しかし、こっくりさんにはルールが多く、『十円玉から手をはなしてはいけない』、『途中でやめてはいけない』、『やめるときには、「ありがとうございました」と、きちんとお礼を言ってから終了する』などのルールを破ると、よくないことが身にふりかかると思われている。もしあなたがこっくりさんをしてみたい、と考えていたとしても、気軽な気持ちではやらないほうがいいだろう。

カミをくれ

トイレが舞台になる学校の怪談は少なくない。『トイレの花子さん』や『ムラサキババア』、そして、これからお話しする『カミをくれ』も、トイレを舞台にした有名な怪談のひとつである。

とある小学校での話。少女が女子トイレにいたところ、「カミをくれー、カミをくれー」という声が、個室トイレから聞こえてきた。

彼女は、トイレの紙がきれたのだろうと思い、「これを使ってください」と、とびらごしにトイレットペーパーを投げ入れた。

すると、また「カミをくれー、カミをくれー」という声がする。女の子が再びトイレットペーパーを投げ入れた。しかし、またもや「カミをくれ」という声が聞こえてきたのだ。

何度かくり返すうちに、トイレにあったトイレットペーパーはすべてなくなってしまった。おかしく思った彼女は、声がする個室トイレをノッ

クしてみることにしたが、返事はない。

するとまた、「カミをくれー、カミをくれー」という声がしたのだ。女の子が「もうないですよ」と返事をすると、恐ろしい声がトイレにひびく。

「このカミじゃない！　お前の『髪』だ!!」

声とともに、かべの上から手が女の子に向かってのびてきた。そして、腕は女の子の髪をすべて引きちぎってしまったのだ。

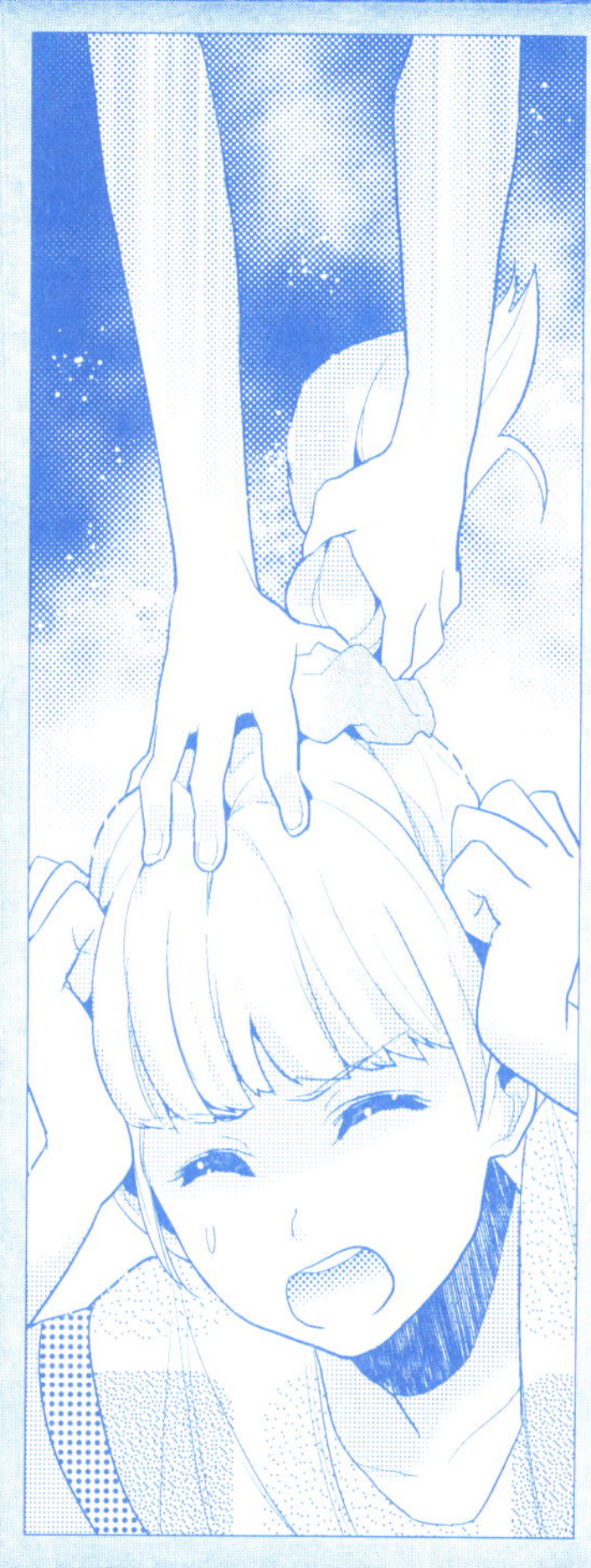

こだわりトイレットペーパー

5章
メカにまつわる怪奇談
デジタルゴースト

霊はいたるところに現れる。それはデジタル機器も同じこと。メカにまつわる恐怖の怪奇体験を大紹介するぞ。

コピー機

東京都　あや★

　その日、私は友だちのMと作った、修学旅行のしおりをクラスの人数分コピーするため、職員室にあるコピー機を使わせてもらうことになりました。職員室には2台コピー機があります。最新式のコピー機が使用中で、私たちはもう1台のコピー機を使うことになりました。そのコピー機は、正確には職員室ではなく、職員室ととびらでつながっている物置部屋にありました。

　少し古い型のコピー機は、使用されていなかったのか、カバーがかかった状態で、そのカバーにはほこりが積もっていました。私たちはカバーをはずし、コピー機の電源をつけました。そして、ちゃんとコピーができるか、試しに何枚か刷ってみようとコピー機のスタートボタンをおしました。

　すると、排出口を見ていたMが突然、悲鳴をあげたんです。青ざめた表情のMが見つめる先、排出された紙を私と先生がのぞきこむと……。そこには、白目をむいた大人の男性の顔が刷られていたんです！

後日、担任の先生が、古くから学校に勤める先生に聞いてくれた話によると、何年か昔、あのコピー機に顔をおしつけた状態で亡くなっていた男性教師がいたそうです。どうしてそのような死に方をしたのか不明ですが、そのときにも、男性教師の死に顔が何枚もプリントされ、辺りに散乱していたのだというのです。

その事件以来、人が死んでいたコピー機は不気味がられ、使用されることなく、物置部屋にしまわれていたんだそうです。

携帯電話

熊本県　くまっち

私は携帯電話を持っていません。だから、周りの友だちや中学生のお姉ちゃんが携帯をいじっているのを見て、いつもうらやましく思っていました。

ある日、家に帰ってきた私は、リビングのテーブルの上に、見覚えのない携帯とその説明書が置いてあるのを見つけました。家族のだれかが携帯の機種変更をしたのだろうと思い、家にだれもいないのをいいことに、こっそりいじってみようと思い立ったんです。携帯のとなりにあった説明書には、赤い文字で『必ず読んでください』と書かれているのが見えましたが、読むのがめんどうだった私は、説明書を開きもしませんでした。

私はさっそく、友だちの携帯番号にかけてみました。しかし、電話はつながりましたが、電話に出たのは友だちではありませんでした。

『――電話をかけてくれてありがとう。すぐにそっちに遊びに行くね……』

聞こえてきたのは、しわがれた女の子の声。それと同時に、左肩に奇妙な気配を感じてふり向けば、そこには顔中イボだらけのひどくみにくい顔をした女の子が、口をつり上げて笑っていたんです。

おどろきのあまり悲鳴をあげた後、気づけば、少女の姿は影も形もありません。錯覚だったにしても、いやなものを見たと思った私は、気を取り直して、電話番号のり歴を確認しました。

しかし、そこには、1ケタの打ち間違いどころではない、まったく入力した覚えのない、電話番号のり歴が残っていたんです。

その数分後、突然、玄関のチャイムが鳴り、と同時に「ドンドンドン！」と何度もとびらをたたく音が聞こえてきました。怖かったので、玄関とびらののぞき窓から相手を確認しました。すると、そこには、先ほど見たあのみにくい女の子がいたんです！　女の子はのぞき窓のほうを見て笑うと、口を動かします。声は聞こえませんでしたが、『遊びに来たよ』と言ったのだということが私にはわかりました。私はさっきの電話を思い出しました。

『電話をかけてくれてありがとう。すぐにそっちに遊びに行くね……』

何かよくないところに電話をかけてしまったんだと考え、とびらは開けずに、私はあわててリビングにかけもどりました。

そんな私の目にあの説明書が映りました。『必ず読んでください』と赤い字で書かれた説明書。ページをめくっていくと、もくじに『よくないお友だちを呼んでしまった場合の対処法』という文字を見つけたんです。とびらをたたく音はずっと続いていて、あせりで手がふるえるなか、対処法の書かれたページを開くと、そのページには『電話をかけ〝私はあなたのお友だちではありません。お帰りください〟と言いましょう』と書かれていました。

その通りに、先ほど確認した番号にかけ、電話がつながった瞬間、説明書通りの文章を言いました。すると、電話からしわがれた声で『——なら、電話してくるなよ』と聞こえた後、電話は切れ、とびらをたたく音もやみました。

その後、リビングに置かれた携帯が家族のだれのものでもないことがわかりました。あんな目に二度とあいたくなかった私は、説明書ごとその携帯を捨てたんです。

パソコン

東京都　ダガー

学校の授業のひとつに、パソコンの使い方を学ぶ時間があります。でも、パソコンを使い慣れているぼくには、その時間がとてもひまで退屈な時間でした。ぼくは先生の話を聞き流しながら、何かいいひまつぶしはないかな、とパソコンの中を探っていると、デスクトップに見慣れないアプリケーションを発見しました。ぼくがそのアプリを起動させてみると……。

『1問目　赤色は好きですか？　はい　／いいえ』

ただ、『はい』か『いいえ』を答えるだけの簡単な2択問題が出てきたんです。「なんだ、これ」と思いながら、ぼくは『はい』を選択しました。すると、また同じようなとても簡単な2択問題の2問目が出題されるだけでした。ぼくは「何、このゲーム？」と思いながらも、ひまつぶしにいいやと、どんどん問題に答えていきました。そして、気づけば授業は終わっていました。

1週間後。パソコンの授業でそのアプリを起動し、問題を50問、150問と答えていくと、問題はだんだん『はい』とも『いいえ』とも答えにくい、頭を使う内容になっていきました。ぼくは問題に答えるのが楽しくなり、休み時間にもパソコンルームに入って、遊ぶようになりました。その結果、ついに問題が1000問目に突入したんです。

　すると、ゲーム画面が突然変わりました。これまでは白い画面に2択問題の文字が出るだけだったのに、1000問目からは真っ黒の背景に、血のような赤い文字で2択問題が出るようになったんです。

そして、1000問目の問題はこれまでとは明らかに違っていました。

『1000問目　クラスメイトのBがケガしたらうれしい？　はい／いいえ』

『1001問目　D先生がケガしたらうれしい？　はい／いいえ』

BもD先生もぼくが実際に知っている人たちです。ぼくは2人ともきらいだったので、その選択肢に『はい』と答えました。でも、BやD先生のことなんて、問題に答えているときに入力なんてしていません。

「なんでこんな質問が出るんだろう？」

偶然、問題がぼくの環境とかち合ったとも思えず、なんだか気味が悪くなり、その日はもうアプリで遊ぶのをやめました。

そして次の日、Bが階段をふみ外して右足を複雑骨折したこと、D先生が車にひかれて入院したことを知ったんです。

ぼくはそれを知って、あのアプリの問題を思い出さずにはいられませんでした。あのアプリのせいで、2人がケガをした確証はありません。でも、ぼくは二度とあのアプリをプレイしようとは思いませんでした。

林間学校

イチゼン

林間学校で とある湖へ 行った
楽しかった 思い出の 数々は
〝画像〟として
あっこれ 翔太が湖に 落ちた やつだ
豪ちゃんが 落としたん じゃん！
あ、そうだった
あははははは
豪ちゃんの デジカメの中に 収められている

よく とれてん じゃん
コレ後で プリントアウト しようぜ
ん？

モヤ…？
……なんだろ…？
ホコリか何かが写りこんだのか？

ビ
カタカタ
っ！ひぃっ
ビクッ
ど…どうしたの？

うわあああ!!

こ…これって…心霊写真ってやつだよな…
…う…

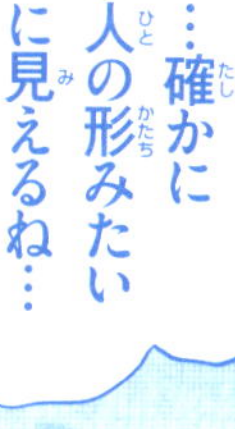
…確かに人の形みたいに見えるね…

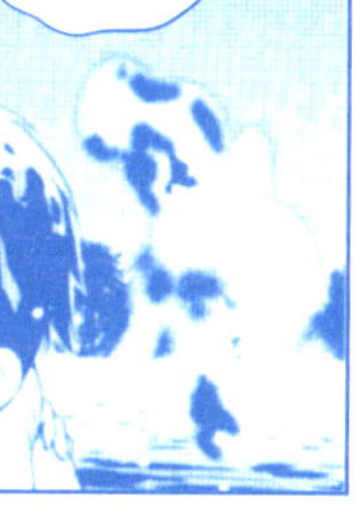

しかもこのモヤ…見るたびにどんどん大きくなってる気がするし……
マジでどうしよう!?こんな写真持ってたらオレたち呪われちゃうよ!
あっそ…そうだ…

ぼくん家の裏に神社があるんだよ この写真持ってけばおはらいしてもらえるはず
ほんと?
うん、だから豪ちゃんはデジカメに残ってる元の画像を消しておいて
デジカメ…画像…あ、そっか
ヤバイのは写真だけじゃないもんな…
〝削除〟っと…
よかった すんなり消せたぞ
今ごろ翔太が神社で写真をおはらいしてもらってるはずだし
これでもう安心だな…

♪
……
コンピューター
ウイルス問題
いざというときのためにデータのバックアップはとっておくべきですねー
ん？
データ…
バックアップ…
コピー
コピー！
し…しまった!!
まだ終わっていない
プリントアウトするために画像のデータを……
パソコンのほうにコピーしたんだった
パソコンのデータも消さなきゃ……！

カチ
カチ
あ…あれ…？
消せない!?
カチ
カチ
カチ
な…なんで…!?

!?

ゾッ…

うわああああああ

次の日から
豪ちゃんが学校に来ることはなかった……

6章
霊感度でわかる!
スピチェック天職占い
あなたにピッタリの職業は、霊感で決まっている!? 霊感度をチェックして、自分の天職を知っちゃおう。

将来のお仕事がまるわかり！

霊感天職占い

人が生まれながら持っている霊感。その霊感の強さで、あなたに向いている仕事がわかるのだ。あなたの天職は何!?

ワシの名は天職ジジィ
そなたの天職を
占ってしんぜよう…

【占いのやり方】

次のページから始まるイエス・ノークイズに答えていくだけで、すべてがわかるぞえ。イエスの場合は、質問の上にあるチェックボックスにチェックを入れるのじゃ。すべての質問を答え終わったら、1問イエスにつき2点として、自分の合計得点を計算し、108ページの結果発表を見てみるがよい。

- □ 問1 料理をするのが好き
- □ 問2 図工より音楽の授業が好き
- □ 問3 ついつい妄想してしまう
- □ 問4 ただゴロゴロしていたい
- □ 問5 幽霊を見たことがある
- □ 問6 人生、ふつうが一番！
- □ 問7 あきっぽい性格だ
- □ 問8 神様っていると思う
- □ 問9 実験って、ワクワクする
- □ 問10 文章を書くのは得意だ

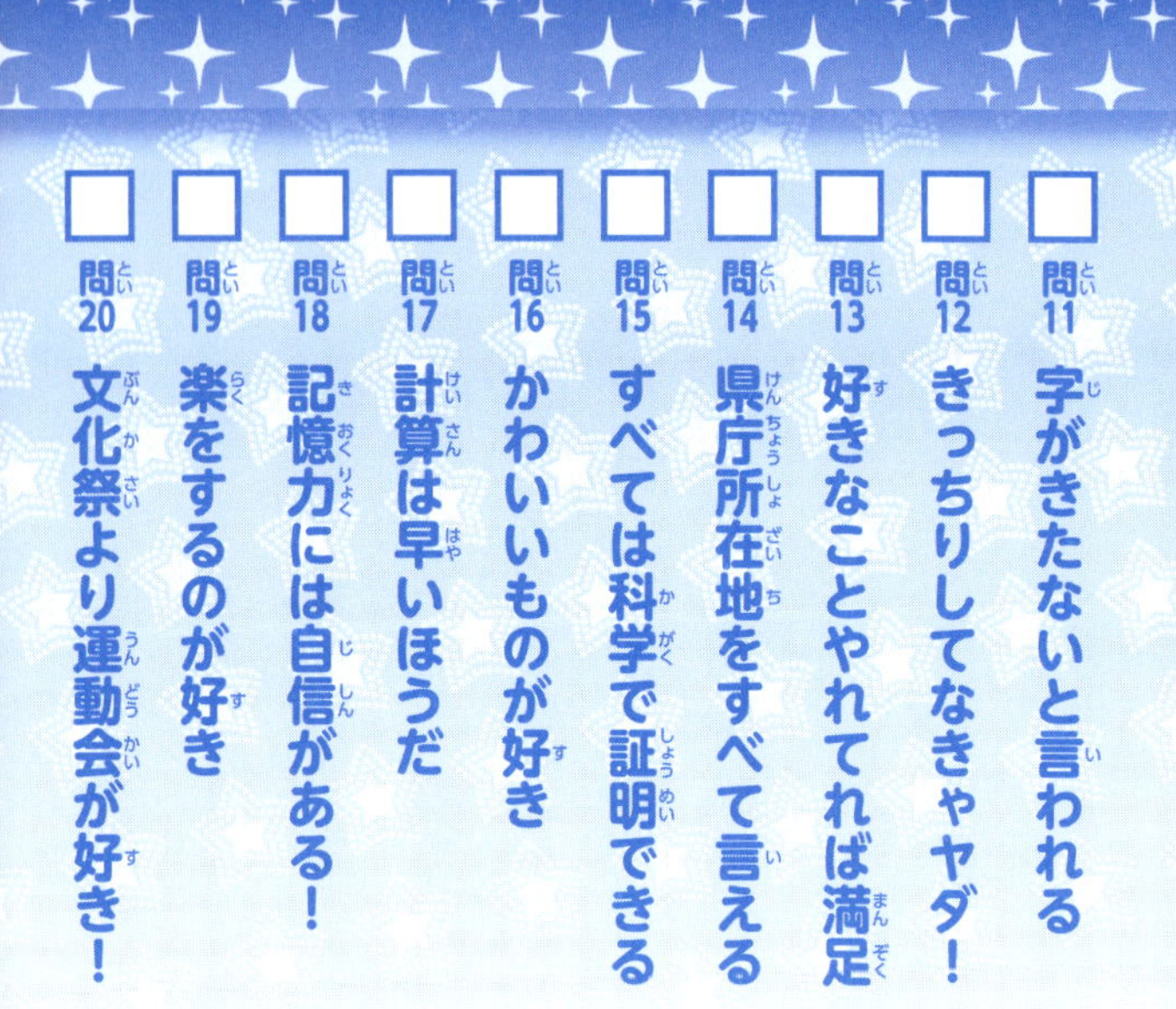

□ 問11 字がきたないと言われる

□ 問12 きっちりしてなきゃヤダ！

□ 問13 好きなことやれてれば満足

□ 問14 県庁所在地をすべて言える

□ 問15 すべては科学で証明できる

□ 問16 かわいいものが好き

□ 問17 計算は早いほうだ

□ 問18 記憶力には自信がある！

□ 問19 楽をするのが好き

□ 問20 文化祭より運動会が好き！

□ 問21 外国に行ってみたい

□ 問22 海より山が好き

□ 問23 部屋はいつも片付いている

□ 問24 何事もていねいにやる

□ 問25 動物好きだ

□ 問26 冬より夏が好き

□ 問27 委員長をしたことがある

□ 問28 悪い予感は当たるほうだ

□ 問29 体はじょうぶなほうだ

□ 問30 ルールとか大嫌い！

□ 問31 ラーメンよりそばが好き

□ 問32 他人の世話をするのが好き

□ 問33 話し出したらとまらない

□ 問34 やり始めたことはやり通す

□ 問35 お守りは常につけている

□ 問36 歴史の本が好きだ

□ 問37 メカに興味がある

□ 問38 他人に命令されるのは嫌い

□ 問39 早起きは得意！

□ 問40 お寺に行くとホッとする

- □ 問41 お金が一番大切だ！
- □ 問42 あの世はあると思う
- □ 問43 マンガをよく読む
- □ 問44 早く大人になりたい！
- □ 問45 占い記事は必ずチェック！
- □ 問46 つい夜ふかししてしまう
- □ 問47 声は大きいほうだ
- □ 問48 くらやみも平気！
- □ 問49 母親ににていると言われる
- □ 問50 結構うそつきだ

これがアナタにピッタリのお仕事 霊感天職結果発表

点数の計算はすんだ？その点数にあてはまるものがあなたの天職だ。

100点 悪霊だって退散させちゃう!? 聖職者

満点のあなたは1000人に1人の霊感の持ち主。その才能を活かせるのは聖職者！強力な霊感と神の力で悪霊を成仏させよう。

80～98点 不可思議な力をその身に宿す 霊能力者・占い師

とても強い霊感を宿すあなたは、不思議な体験を何度もしているはず。霊感は心の成長とともに強くなるので、霊能力者や占い師だって夢じゃない！

60〜78点 感受性豊かで多彩な才能を持つ アーティスト・タレント

霊感の強さは感受性の強さでもある。人並み外れた感受性を持つあなたは、色々な分野でそのセンスを発揮できるはず!!

50〜58点 悪霊相手でも語って改心させる!? 学校の先生

霊感はふつう。でもふつうだからこそ、霊や他人の心の痛みもよくわかる。そんなあなたは教育者である学校の先生がお似合い。

30~48点 いたってふつうだからこれしかないでしょう サラリーマン

あまり霊感のないあなたは、センスが必要な仕事や霊的な仕事は向いていないかも!? ふつうにサラリーマンとして働くのが一番。

20~28点 霊なんて信じません! すべて科学で証明します 学者

ほとんど霊感を持っていないあなたは霊なんて信じていないのでは? それでいいんです! 科学の力を信じて学者を目指せ!!

2~18点
生きるだけで精一杯 霊なんて知ったことか！
フリーター

霊感ほぼなし、それはやる気なしとイコールだったりする……。生きていければいいや、なあなたはフリーターになっちゃう!?

0点 自由過ぎるあなたは働くべからず♪ 遊び人

霊感ゼロ、働く気もゼロ、自由気ままなあなたは、開き直って遊び人になっちゃえ！　人生楽しければ、それでいいのだ。

放課後DJ

1
放課後の放送室
いやだな～
忘れ物しちゃった
だれもいないのに
声がするという……
ボン…
ボン
2
ボン
ボン…
……!
幽霊が何か
しゃべって……!
3
え～…
今日も元気に
死んでます!
放課後でポンの
時間がやって
まいりました
本日のおなやみは
私から!
リスナーが
いません——!
これはさみしいですね～
4
チェキラ!
かわい
そうっ

7章
学校行事は霊の祭典！
イベントホラー
入学式や運動会、修学旅行……。学校にはいろんなイベントがもりだくさんだが、そこにも霊は現れた！

入学式

茨城県　ミチル

4年生に進級したぼくは、入学式の手伝いをすることになりました。式場の設営に、式当日には新1年生たちの世話をすることになっていました。

そして入学式当日、会場である体育館には、ぴかぴかの1年生たちがぞくぞくと入場してきました。

みんな、うれしそうだったり、不安そうだったり、さまざまな表情をしているなか、1人の女の子がぼくのほうを見ていることに気づきました。かわいらしい女の子で、どこか見覚えがあるような気がしましたが、そのときは彼女がだれか、ぼくにはわかりませんでした。

その子は入学式が始まった後も、体育館のかべ際に立つぼくを見つめてきました。ぼくと同じく入学式の手伝いをしていた友人には「さっきからあの子、じっとお前のこと見ているけど、なんか不気味じゃない?」と、言われたりもしましたが、不思議と彼女に負の感情を持つことはありませんでした。

入学式は何事もなく終わり、1年生たちが両親といっしょに帰っていくのを見送りながら、ぼくはあの女の子が気になり、彼女の姿を探しました。体育館にも校庭にも彼女の姿はなく、学校の裏側に足を運んでみると、学校裏にある桜の木の下に、あの女の子が1人でいるのを見つけました。

女の子はぼくに気づくと、うれしそうに笑いました。そして、近づき「私のことわかる?」と声をかけてきました。会ったことがあるような気はするけれど、だれだ

か思い出せなかったぼくは素直に「ごめん、だれだっけ」とたずねました。

その言葉に女の子は少し機嫌を悪くした様子でしたが、おこる姿すらぼくにはほほえましく思えたんです。

すねた様子の女の子は、ぼくにピンク色のかわいいハンカチを手わたしてくれました。そのハンカチには『S』という名前が刺しゅうされていました。

その名前は、亡くなったぼくの3才年下の妹の名前でした。妹が亡くなったとき、お気に入りだったピンク色のハンカチを、泣きながら彼女の棺に入れたことを思い出しました。

ぼくの目の前に立つ女の子は、死んだはずの妹だと、妹の幽霊なんだと、そのときはっきり感じました。どうりでどこかで会ったような気がするはずでした。4才で亡くなったはずの妹が、不思議なことに少し大きくなった姿でぼくの前に現れたから、彼女が妹だとわからなかったんです。

ぼくが小学1年生になったとき、自分もいっしょに学校へ行きたいとよくわがままを言って母やぼくを困らせていた妹。彼女が生きていたなら、今年で小学1年生になる年でした。

妹がなぜ、今日、自分の前に現れたのか、その理由がわかったような気がしたぼくは、妹に精いっぱいの祝福の気持ちをこめて伝えました。

「小学校、入学おめでとう！」

それを聞いた妹は、うれしそうに、ぼくにニッコリと笑ってくれました。そして次の瞬間、ぼくがまばたきした後には、もう妹の姿はありませんでした。

残されたのは、妹のお気に入りのピンクのハンカチだけ……。

運動会

神奈川県　パムパム

よく晴れたその日は待ちに待った運動会の日。校庭には、やる気に満ちた児童たちと、それを応援する父母たちでいっぱいでした。

救護係だった私は、救護セットといっしょに救護係専用テントに待機し、軽いケガをした児童たちの傷の処置をしていました。

赤組と白組に分かれて、綱引きや大玉ころがしなど、白熱する対決がおこなわれるなか、100メートル競争が始まり、救護係が待機するテントの前を一生懸命に児童たちが走りぬけていきます。そのとき、いっしょに救護係を務めていたYがぽつりと言いました。

「救護係って、ひまそうだから楽な仕事かな、と思っていたんだけど……。思っていたよりケガする人が多くていそがしいね」

「確かに。すり傷とか作っちゃう子が多いね」

「あっ、また転んだ」

Yの言う通り、競技を見ていると、先ほどから転倒する児童が多いように思えました。そして、そんな会話をしているそばから、走っていた児童の1人が転んでしまいました。不安に思って保健の先生を見ると「いつも、運動会はこんな感じよ。大きな事故はこれまでにほとんどないからいいけどね」と言い、笑っていたので、そんなものかと、私は安心して、目の前を走っていく児童たちに目線をもどしました。

そして、最後の目玉競技、赤白

対抗リレーが始まりました。これまでの競技を見ていたところ、赤組白組は接戦で、このリレーで勝利したほうが優勝といってもよさそうでした。1年生の選抜走者からスタートして、最後には6年生の選抜走者へバトンが手わたされていくこのリレー。今は、5年生にバトンがわたり、少しだけ白組がリードしていました。

私もYも、赤組と白組の接戦にすっかり夢中になって、応援の声をはり上げていると、リードしていた5年生の白組走者が救護係のテント前を走りぬけようとしました。その瞬間、私は信じられないものを目にしました。走る白組走者の足元に、白い骨の手が何本も生えていたんです！

骨の手に足をつかまれた白組走者は、ガクッと体勢をくずしました。そして、そのとなりのレーンを赤組走者が走りぬけていきました。

「ちょ、ちょっと！　今の見た!?」

今、自分が見た光景が信じられなくて、となりのYに声をかけましたが、Yは目の前のリレーに釘付けで、骨の手を見た様子はまったくありません。

でも、あの骨の手が見間違いとはどうしても思えず、私は転倒する児童が多い理由がわかってしまったような気がしたんです。

運動会が終わった後、見たままのことを保健の先生に話をしてみると、先生は信じられない様子でした。でも、この学校が建てられる前、この土地が墓地で、多くの人々が埋葬されていた、ということを教えてもらえたんです。

あの骨の正体はわかりませんが、きっと、墓地と無関係ではないのでしょう……。

遠足

千葉県　アオ

去年の遠足では、とある山にハイキングに出かけました。ゆるやかな山道を登り、頂上へ。そして、最高の景色をながめながらのお昼時間の後は、帰るだけとなり、山道を下っていくことになりました。代わり映えしない光景が続く下り道の途中、ふと、ぼくは道のわきを見ると、そこに手まりくらいのサイズの丸い石を発見しました。帰り道に退屈していたぼくは、よく転がりそうなその石をけりながら帰ることにしたんです。

しかし、その日以降、ぼくはまるで重い石を背負っているかのような重みを肩に感じるようになりました。それと同時に、夢でうなされるようにもなったんです。夢の内容は、毎回まったく同じ。遠足で訪れた山にいる自分が、頭部のない小柄な人影に強く腕を引かれながら、山の道の途中にある、首のない地蔵のもとに手まりサイズの石を持っていく、という内容でした。

ぼくを心配してくれた高校生の兄に相談してみると、夢を見始めた時期と内容から、ぼくがけった石に関係あるのでは、という話になったんです。

ぼくは兄といっしょに、あの石の元に行くことにしました。山道の途中に転がっていた石を発見し、よく見るとその石がお地蔵様の頭だとわかったんです。ぼくは石を持ち、夢のとおりに歩いてみると、そこには首のないお地蔵様がありました。そして、石をその近くに下ろし、手を合わせて誠意をこめて謝りました。すると、その日以降、ぼくが夢にうなされることはなくなったんです。

修学旅行1

兵庫県　ユグ

　修学旅行で、とある高原を訪れたときの話です。その高原の近くにある旅館の4人部屋で、ぼくは気心のしれた友人たち3人と同室になりました。

　みんなで部屋の中をはしゃぎながら見回っていると、友だちの1人がおかしなものを見つけたんです。見つけたのは、大人の手のひらサイズの長方形の古びたお札。計4枚のお札が、部屋の四隅にかくれるようにはられているのを発見したんです。しかし、いたずら好きの友人の1人がお札の1枚をかべからはがしてしまいました。彼は悪びれた様子もなく、お札を丸めて、ゴミ箱に放り投げました。ばちあたりなことをしたのではと、ぼくは不安な気持ちになりましたが、夕食を食べ、ほかの部屋の友だちのところに遊びにいったりしているうちにお札のことは忘れ、自分たちの部屋にもどってきたのは、ねる間際になってからのことでした。消灯時間になり、ふとんにもぐりこんだ友人たちははしゃぎつかれたのかぐっすりねむっていました。ぼくはなんとなくねつけず、うつらうつらしていたら、ね苦しそうな声が聞こえてきたんです。その苦しげな声に起こされた、ほかの友人たちが目を覚ました気配も感じられました。

苦しげな声をあげていたのは、お札を破った子のようで、ぼくは彼がねるほうに視線を向けました。

するとそこには、着物を着た、ぼさぼさの長い髪をふり乱した不気味な女性が彼の上にのっかっているのが見えたんです！　女を見た瞬間、ぼくは金縛りにあい、動かせるのは視線だけに。

視線をほかの友人たちに向けると、彼らも女を見ながら恐怖に顔をひきつらせているのが見えました。ぼくたちが身動きできないなか、女は腕をゆっくりと、苦しむ彼の首へと近づけ、その首をしめようとしました。

そのとき——。部屋の入り口が開き、見回りにやってきた先生の「ちゃんとねているか？」というのんきな声が部屋にひびきました。その瞬間、ぼくたちの金縛りは解け、女の姿もきれいさっぱり消えてなくなっていたんです。

助かったことがわかったぼくたちは、安心のあまり泣き出してしまいました。女に襲われていた友だちは意識がもうろうとした様子で、自分の身に何が起こっていたのかはよくわかっていませんでした。でも、とても重い何かが自分の上にのっかっていてとても苦しかったと言いました。

その翌日、女将さんが教えてくれたことですが、あの部屋で昔、女性が首をしめられて殺され、以後、部屋で女の幽霊が目撃されるようになったんだそうです。そのことをお坊さんに相談したところ、お坊さんは幽霊を封じるために、部屋の四方にお札をはったのだそうです。

修学旅行2

東京都　さくら

　修学旅行中、私は伝統ある旅館にとまることになりました。女子3人でとまることになった和室には、1枚の掛け軸がかけられていて、むらさき色のキレイな着物を着た女性がえがかれていました。これといって大きな特徴のある絵ではありませんでしたが、私はなぜかとてもその絵が気になり、部屋にいるときは、自然と絵のほうに視線を向けてしまうことが多かったんです。

　明日の出発時間が早いこともあり、消灯の時間にふとんにもぐりこみました。それからさほど時間もかからず、私たちはねむりにつきました。

　しかし深夜2時ごろ、私はふと目を覚ましました。大きな窓から月明かりに照らされる室内は、深夜とはいえ、周りの様子がよくわかりました。そして、何かおかしな気配を感じたため、周りをよく見回したんです。すると、あのかけ軸に目がいきました。

　かけ軸はゆらゆらとゆれていました。窓はしっかり閉めていたので、風でゆれ

るはずがありません。そして、かけ軸の絵に目をこらすと、かかれていた絵が変わっていることに気がつき、とてもおどろいたんです。

むらさき色の着物を着ていたきれいな女性は、髪をふり乱し、顔面の半分にやけどを負ったみにくい姿に変わり果てていたからです。

おどろきのあまり声も出せなくなりました。そして、小さなささやくような女性の声を確かに聞いたんです。一体どこから聞こえるんだろう？と

思った瞬間、背後に気配を感じて私はふり返りました。そこには、むらさき色の着物を着た、半身をやけどでおおわれた女性が立っていたんです……！　私を見つめる目は赤く血走り、表情はみにくくゆがんでいて、それが笑っているようにも、おこっているようにも見えました。女性は私をギリッとにらみつけました。そして。

「見るな……!!」

しゃがれた、しかしはっきりとした声が部屋にひびきました。その瞬間、私は恐怖のあまり気を失ってしまったんです。次に目覚めたときにはすでに朝でした。すぐにあのかけ軸を確認しましたが、絵は最初に見た通り、きれいな着物を着た女性がいるだけ。やけどのあともありませんでした。

後で、旅館に置かれた歴史資料を見てわかったことですが、江戸時代に一度旅館が半焼する火事があり、その当時の女将が半身をやけどして大ケガを負ったという記録が残されていました。私が見たあの女性は、その女将だったのではないか、と思うのです。

映画鑑賞会

静岡県　おたま

夏休みのとある日、私は小学校の体育館でおこなわれた映画鑑賞会に参加しました。上映されたのは、ホラー映画。内容は『包帯で顔をかくした女の幽霊が、女性の顔を切りさいてうばっていく』という恐ろしいものでした。

物語のクライマックス、幽霊の顔が大きく映し出されるシーンになったそのとき。私はなぜか、スクリーンの幽霊と『目があった』と思ったんです。

そして、恐怖からとっさにスクリーンから顔を背けたその瞬間、体育館内にいくつもの悲鳴があがりました。映画を見ていた女子児童の何人かのほおがざっくりと切られ、血まみれになっていたのです。それは、映画の中で襲われた女性たちと同じような傷でした。突然の出来事に、体育館内は大さわぎになり、上映は当然のことながら中止、みんな帰宅することになったんです。

帰り道の途中、進む道の真ん中に、1人の女性が立っているのが見えました。それはまるで、映画の中からぬけ出してきたかのように、あの幽霊そっ

くりの女性でした……。まさか、と立ちつくす私にその女性は近づくと言ったんです。「顔をちょうだい」と。

おどろき、とっさにふり回した手は女の顔の包帯にかかり、そのひょうしに女の包帯がほどけました。すると突然、女は悲鳴をあげて、消えてしまったのです。

後日、あのフィルムは本来上映するものと違っていた、といううわさを耳にしました。でも、フィルムがその後どうなったかはうわさでもわからないとのことでした。

練習試合

静岡県　あらまきジャケ

ぼくは父の影響を受けて、幼いころから剣道を習っていました。中学校でも、剣道部に所属していて、剣道部部長でした。県大会でも、上位に食いこめたことで、腕にも自信を持っていました。

とある日、他校のS中学校の剣道部と練習試合をおこなうことになり、夕方になるまでみっちりと試合がおこなわれました。

練習試合が終わり、部長であるぼくをのぞく部員たちが、次々に帰っていきました。ぼくは、部室や体育館の戸じまりをしなくてはならなかったため、ひまを持てあますくらいなら残って練習していこうと思い立ったんです。

そして、辺りがすっかり暗くなるまで素ぶりをしていると、やけに体育館がはだ寒く感じることに気づきました。「なんでこんなに寒いんだろう」と思っていると、突然、声をかけられたんです。

そのときになって、面や胴など防具をきちんと身につけた人物が背後にいることに気づきました。面をかぶっているせいで、それがだれかわからない。腰の防具に書かれた名前にも覚えはありませんでした。今日、練習試合に訪れたS中の生徒かと思い、「S中の人ですよね？」と聞くと、彼はFという名字を名乗り、ぼくと試合がしたいとたのんできたんです。Fは、県大会で上位入賞したぼくと試合をしたい、と熱い思いをぶつけてきました。そんな彼の心に好感をいだいたぼくは、Fの望みを「もちろん！」と受け入れたんです。

はだ寒い体育館に2人きり。三本勝負をおこないながら、ぼくには、Fがなかなか手強い選手であること、全身全霊でぶつかってきていることがわかりました。彼のやる気を受けて、ぼくも負けられないと本気になったんです。

そして、試合は2本取ったぼくの勝利でした。試合が終わると、Fはふかぶかとぼくに頭を下げ「本当にありがとうございました」と言いました。それを受けてぼくも、面を取って「いい試合ができた」と、礼を返したんです。

でも、頭をあげたときには、Fの姿はどこにもありませんでした……。

後日、S中に通う友人に「Fという剣道部員はいるか」と聞きました。すると、1年前にはFという部員がいたと教えてくれました。当時、中学2年生だったFは、とても練習熱心な生徒だったそうです。でも初めて出場することになった県大会の1週間前に、交通事故で亡くなったというのです。

Fは県大会に出場できなかったことを無念に思い、自分の元を訪れたのだろうか、とぼくは考えました。だって、事故で亡くなっていなければ、Fとは県大会で試合をしていたかもしれないのだから……。

きもだめし

東京都　ころ助

夏休みにぼくは、同じ地区に住む子たちを集めて、きもだめしをやろうと企画しました。

きもだめしの舞台は近くの墓地。雰囲気を出すために、ライトではなく、ろうそくを持って集まった計12人のメンバーは、大半が友だちや顔見知りでしたが、知らない子もその中には何人かいました。

円陣を組むように並び、きもだめしのルールを確認することにしました。

きもだめしのルールは、1人ずつ、5分おきにスタートしていき、決められた順路で墓地の一番奥にあるお墓の近くに置いてある、星型に切った厚紙を『奥まで行った証拠』として取ってきて、スタート地点までもどってくる、というものです。

じゃんけんでスタートする順番を決めた結果、最初にスタートすることになったのは、ねむりこんだ小さい妹を背負った少年、Tでした。内心で、墓地の暗い雰囲気を怖がっていたぼくは、最初にスタートすることになったTに「怖くない？」と聞いてみたんです。でもTは「こんなのへっちゃらだよ」と笑っていいました。

Tがスタートし、5分おきに参加者たちがスタートしていきました。7番目に出発することになったぼくは、幽霊なんていないと思いつつ、何が出てもおかしくない雰囲気にのまれて、自然と速足になってしまっていました。

最後にスタートした子がもどっ

てきて、きもだめしは終了したと思いきや。12人ちゃんとそろっているか点呼を取ってみると、その場には11人しかいませんでした。だれがまだもどってきていないのか、と周りの子たちを見回すと、最初にスタートしたTの姿が見当たりません。

道に迷ってしまったのでは、と彼のことが心配になったぼくたちは、みんなでTのことを探すことにしました。

「おーいT!! どこにいるのー!」

大きな声を出して、墓場の中を見回りましたが、Tの姿は見当たりません。

何か事故に巻きこまれたのでは、と不安に思っていると、ぼくはふと、気になったことを周りのみんなに聞いてみたんです。

「ぼく、Tとは今日初めて会ったんだけど、知り合いのやつ、だれ?」

その質問に答えられる子はいませんでした。Tのことを知っている子はだれもいなかったんです。では、一体だれが彼をきもだめしに呼んだのだろうと、思っていると、歩く道の先にTの姿を見つけました。

「T、どこに行ってたんだよ、心配したんだぞ！」と、声をかけるとTが笑いながら「ごめんね」と言いました。そして、「みんなと遊べて、楽しかったよ。あと、おどろかせて本当にごめんね」と笑って言うと、Tの姿は背負った彼の妹といっしょに、すぅ～とやみの中に消えてしまったのです。

ぼくたちは何が起こったのかわかりませんでした。でも、『本物の幽霊に出会ったんだ』と理解した瞬間、ぼくたちは悲鳴をあげて、一目散ににげ出しました。

文化祭

山梨県　ブルブルドック

私は人形が大好きです。文化祭でおこなわれたバザーにも、いいお人形さんが売っていないかなと、人形目当てで見て回っていたんです。

そして、バザーを見回っていると、金色の髪に赤いひとみが印象的なお人形が売られているのを見つけました。服や顔が少しよごれていましたが、ちゃんときれいにしてあげたら美人な人形だろうと思い、私は思い切ってその人形を買うことに決めました。

家に連れ帰ってきた後、さっそく人形のよごれをきれいにふき取り、衣装もつくろってあげました。すると予想した通り、とてもきれいなお人形で、自室のつくえの上にかざって、ニコニコしながらながめていたんです。たくさん人形を持っていましたが、その子は一番お気に入りの人形になったんです。

でも、何か月も過ぎた後、買ってきた別の人形に興味が移ってしまい、その人形で遊ぶことはなくなっていきました。

それから、不思議な夢を見るようになったんです。金髪で赤い目をした人形が泣いている夢です。毎晩見るようになったその夢に、うなされて飛び起きる日々が続くようになりました。

それに、ときどき人形の位置やポーズが変わっていることにも気づいたんです。家族に聞いてもだれも動かしていないと言っています。私はその人形のことが怖くなり、この人形を手放そうと考えるようになりました。

そんな思いをいだくようになっ

てから、数日後。休日におばといとこの女の子が家に遊びにやってきました。まだ小学1年生で幼いいとこも、お人形が好きで、私の家に遊びに来たときにはいつも、私の部屋でいっしょに人形で遊んでいました。

そして、おばといとこが帰る時間になったとき、いとこはあの人形を持ってきて、私に「このお人形さんが欲しい」とお願いをしました。不気味な人形だっただけに、あげてしまっていいものかなやんでいると、あげることをしぶっているとカン違いした母に「あなたはほかにもいっぱい人形持っているんだから、あげなさい」と言われたんです。いとこも、期待に満ちた大きな目で、胸にはがっちりとあの人形をだきかかえていました。

あげない、と言うことができない雰囲気に、私は「あげる」と言ってしまったんです。それに大喜びしたいとこは人形をだきながら、「バイバイ」と言って玄関を出ていきました。

そのとき、私は見てしまったんです。いとこにだかれた人形の手が、まるで『バイバイ』するようにふられていたことに……。

臨海学校
朝日曼耀
それは臨海学校でのことだった…
やっと自由時間だな！
早く泳ごうぜ康太！

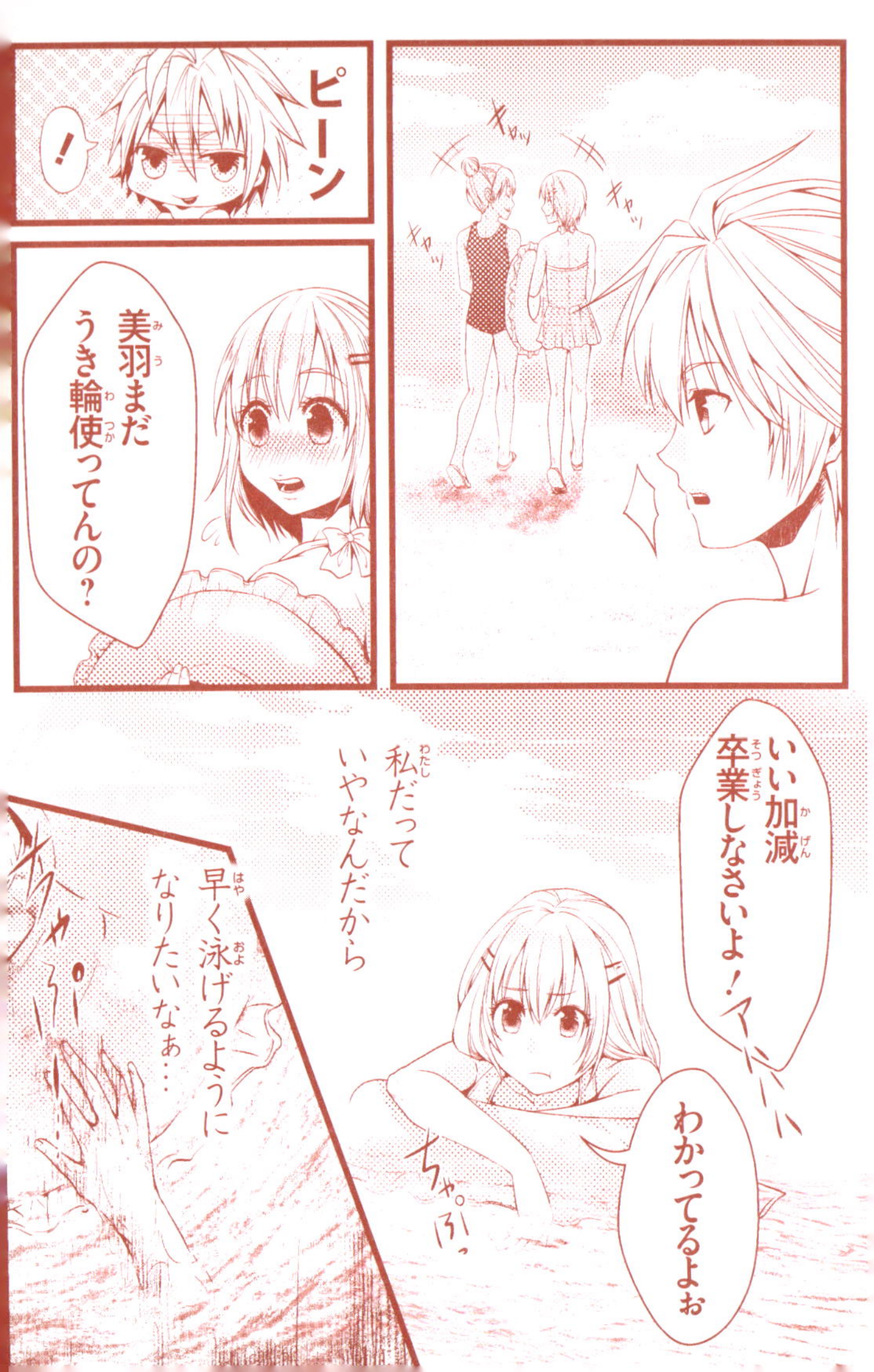
キャッ
キャッ
キャッ
ピーン
!
美羽まだうき輪使ってんの？
いい加減卒業しなさいよ！
アハハハ
わかってるよぉ
ちゃぷっ
私だっていやなんだから
早く泳げるようになりたいなぁ…

きゃあああ
な…なに
あー
康太(こうた)…?
ちゃぷ
ちゃぷ
マジビビってやんの!
だっせー!
アハハ
ふる
ふる
このぉ…

やーい
ここまでおいでー
まて
だいたい
今どきうき輪…
ザッ
ザッ
美…羽……？
ちゃぷ…
美羽!!
ゴポ
ゴポ
ゴポ

ザパッ
ぷはっっ
何やってんだお前！
だ、だって今…！
何かに足をつかまれたような…
まっさかぁ！おぼれただけだろ？
そうよね…きっと気のせい…

次の日…
ワー
ワー
今日はもう少し沖まで泳いでみようかな
ちょっとでも泳げるようにならなきゃ
バシャ
バシャ
結構沖まで来てんじゃん！
康太くん
がんばれよ！美羽！
うん！ありがとう！

おーい
お前ら！
あんまり
沖まで
行くなよ！
わかってるって
先生！
？
ちゃぷ…
ざぱ…。
ざっ
うああっ
康太くん!?

ゴボ
やばい…
なんか急に
足が！
ゴボゴボ
ゴボ
やばい…
息が…！

康太くん
ザザザッ
ザバッ
だいじょうぶ!?
い、今
海の中から手が!
見たよ私も
あれって
絶対!
…もう
上がろうぜ

後からわかったことだが
あの海辺あたりには
過去、戦争の際に
亡くなった人を
埋葬した場所だったと
いうのだ
碑
海で康太をつかんだ黒い腕は
そのときに亡くなった
うかばれない多くの
霊の腕だったんじゃないだろうか
助けを求めていたのか……
それとも……
生きている私たちを
海に引きずりこもうと
したのか……

8章

大人たちも霊を見ていた!

大人が体験した学校怪談

学校にいるのは子どもばかりでない。先生たちも、学校に現れた霊と出会い、怖～い思いをしているのだ。

いたずら電話

東京都　マユミ

私は去年、教師になったばかりです。まだ学校という環境での仕事に慣れていなくて、その日は夜おそくまで学校に残って仕事をしていました。たった1人で職員室にいるのは、心細く、居心地が悪いものでした。だから、突然、電話のベルがなったときには、とてもびっくりしました。

こんな時間にだれだろうと、受話器を取ると、受話器のスピーカーからは『ウーーー！　ウーーー！』と、まるで戦時中のサイレンのような音が聞こえてきて、唐突に切れたんです。

いたずら電話だと考えた私は、少しいらついた気分で席にもどると、再び電話がかかってきました。また、さっきと同じいたずら電話だろう、と思いながら受話器を取ると、今度は知らない男性が「空襲警報が鳴っているぞ！　早くにげるんだ！」とどなったかと思えば、またすぐに電話は切れました。

いたずらにしては何か変だ、と思いながら、電話の配線を何気なくいじっていると、配線コードが電話機本体とつながっていないことに気がついたのです。これでは、絶対に電話がかかってくるはずがありません。

常識外の出来事に、混乱していると、今度はどこからともなく、バタバタバタ！　と多くの人々が走っているかのような音が遠くから聞こえてきました。そして、その音は私のほうにどんどんと近づいてきます。

私は目を疑いました。職員室のかべから、戦時中のような姿をした人々が次々に現れ、自分に向かって走ってくるんです！　だれも彼も一心不乱に、にげまどうように。彼らは、職員室に並ぶつくえもいすも、すべてをすりぬけて走っていきます。私の体すらも、彼らはすりぬけていき、入ってきたときとは逆のかべに消えていきました。

不思議な体験をした私は、この校舎が昔、空襲を受けて焼け野原になった場所に建てられたものだと、教えてもらった話を思い出しました。

そして、職員室で私が聞いて、見たものは、過去、本当にこの地で起こった出来事だったのかもしれないと思っています。

13日の金曜日

神奈川県　エノ

その日は、空に満月がうかび、欧米では不吉とされる『13日の金曜日』でした。私が職員室に1人残ってテストの採点をおこなっていると、時刻は23時30分を回っていることに気づき、「もうこんな時間か！」と、あわてて身支度を整え、職員室を飛び出しました。

職員室は2階にあり、1階の出入り口までは数分もかからない距離です。私は早足で1階につながる階段へと向かいました。毎日上り下りするその階段は、24段程度の段数しかありません。本来ならあっという間に下ることができる段数のはずが、その日はなぜか、下りても下りても1階にたどりつくことができなかったのです。

異変に気づいた私は、おかしな異次元空間に迷いこんでしまったと、とてもあせり、どうにかしてこのおかしな空間を脱出するため、いろいろと試してみることにしたんです。

まずは、階段を下り続けました。でも、どこまで下りても1階にたどりつきません。次に、階段を上がり続けましたが、今度は上がっても上がっても2階にたどりつけなくなってしまいました。周りを見回してみても、かべやおどり場には窓ひとつなく、無機質なかべと永遠に続く階段しかありません。無限に続く階段に迷いこんでしまった私は、一生ここから出られないかもしれないと、絶望感に襲われました。辺りにひびくのは、私のため息と、腕時計の「カチコチ」という音だけ。時計を見ると、時刻は23時58分をまわり、あと少しで日が変わる時間でした。

一生こんなところに閉じこめられるなんてゴメンだ、となんの考えもなく、再び階段を下り続けていると、0時を知らせる時計の「カチ！」という大きな音が辺りにひびきました。そして、気づけば私は1階のろうかにいたのです。一体どうやってあの空間をぬけ出したのか、その正確な理由はわかりません。でも確かなのは『13日の金曜日』が終わった瞬間、元の世界にもどってこられた、ということです。

テスト

東京都　サトウ

私が長年教師を務めてきた中学校は、中間や期末テストの上位10名の名前と点数の結果を、掲示板にはり出していました。そして、結果をはり出すのは、私の役目でもありました。

そんな私には、深い後悔と、信じがたい体験のために、強い印象が残っている生徒がいました。今からお話しする内容はその生徒にまつわるものです。

その生徒はいつも学年1位をとる優秀な生徒でしたが、『学年1位をとること』自体にこだわっている面があったように思います。

ほかの生徒たちのように放課後を楽しむ様子は一切見せず、いつでも勉強に打ちこみ、ねる時間すらけずっていたようです。自分を痛めつけるように勉強する姿に、いつか体をこわしてしまうと注意をしていましたが、忠告が聞き入れられることはありませんでした。そして、最悪の予想通り、少年は体調をくずし、最後には命を落としてしまいました。

その少年が亡くなった1週間後におこなわれた期末テスト。私はいつも通り、掲示板に結果をはり出しましたが、そこには当然、少年の名前はありません。

その日の夜、学校に残って仕事をしていた私は、ウトウトとつくえでねむってしまいました。そのとき、夢の中にあの生徒が出てきたんです。彼の手は血まみれで、その手が私に向けられる、そんなショッキングな内容でした。

夢とはいえ、気落ちした私は、早く帰ろうと職員室を出ました。しかし、その途中に、テストの結果をはり出した掲示板の前に人影があるのに気づきました。「こんな時間に生徒が残っていたのか？」と、注意しようと近づきましたが、その人影はあの亡くなった少年だったのです。

少年は私に気がつくと、生気のない声で言いました。

「……血をはいた後にだって勉強したのに、この結果はおかしいですよ……」

彼は、1位の名前の上に、自分のはいた血にぬれた指で自分の名前を書き加えていきました。名前を書き終わると、満足そうに笑い、私の前からすうーと、姿を消したんです。

赤ちゃんの泣き声

佐賀県　くみ

念願の教師になり、その日は記念すべき初授業の日でした。ふ任したのは田舎にある小さな小学校で、私は4年生になる児童たちの担任を担当することになりました。やる気はあるものの、初めてづくしの授業。元気いっぱいの児童たちを相手に、緊張しっぱなしの1限目が終わり、私はろうかに出た瞬間、ほっと、大きな息をつきました。

そして職員室にもどろうとろうかを歩いていると、子どもの泣き声が聞こえたような気がしたんです。児童たちよりも幼い、まるで赤ちゃんみたいな声だった気がしますが、それからいくら耳をすませても声が聞こえてくることはなく、そのときは「気のせいかな」と、職員室にもどりました。

しかし、その日以降、私は何度も赤んぼうのような声を聞くようになりました。この小学校には、当然ながら赤んぼうはいません。学校の周りには民家もありましたが、校舎内まで声が届くとも思えません。

なぞの声になやまされるようになってから数日後。児童たちのほとんどが帰宅した放課後、これまで以上にはっきりと声が聞こえ、私は声の主が子どもではなく、赤んぼうで間違いないと確信しました。

声の出どころを探した私は、ふと、気配を感じて窓のほうをふり向きました。窓ガラスに映っていたのは、自分と、自分の肩にのった未熟児のように小さな赤んぼう……！

私は怖くなり、ろうかで大きな悲鳴をあげてしまいました。すると、年配の女性である教頭先生が私の声を聞きつけやってきました。そして、何があったのかと、優しくたずねてきました。私がふるえながら赤んぼうのことを話すと、教頭先生は「あなたも見たのね……」と、言ったのです。

教頭先生の話では、昔、授業参観で学校を訪れた妊婦の女性が転落事故を起こし、お腹の子を死なせてしまうという事件があったそうです。その事件以降、母親を探すように校舎をさ迷う赤んぼうの幽霊が、『お母さん』になってくれそうな女性の前にだけ現れるようになったそうです。

お化け四コマ

体育館の誤解

夜の体育館は試合前、事故で亡くなった子の霊が出るという……
ボ
ボーン……
お
こんな時間まで練習か？もうおそいから帰りなさい
はっ
……！っておまえ！
ひどいケガじゃないか！
大変だ！脈がない!!
もしもし、救急車1台!!!
あ……っ……
ピーポー
ピーポー
運ばれていきました

9章

なみだなしには読めない
心打たれる怪談

霊だからといって、すべてが悪いわけではない。話を聞いた者は感動せずにいられないステキな心霊体験を披露。

捨てネコ

兵庫県　マッキー

ある日、私が友だち数人といっしょに学校へ登校すると、校門前にダンボールが置かれているのを見つけました。中身はなんだろうと開けてみると、かわいらしい1匹の子ネコと目があいました。その捨てネコは白ネコで、耳の先と手足の先だけ黒い、ちょっと変わったがらをした子でした。

友だちと「かわいいね」と言いながらさわっていると、あったかくてやわらかい子ネコに私は夢中になってしまいました。『だれか飼ってあげられないか』という話にもなりましたが、みんな、ネコが飼えない理由があり、難しそうでした。私の場合は、お母さんに聞いてみないとわからず、このときには飼えるかどうか判断がつきませんでした。担任の先生にネコのことを相談すると、学校で一時的に預かってくれることになり、その間に、私たちは、子ネコを飼えるかどうか、きちんと両親と相談してみることにしたんです。

私は、家に帰る前に、職員室にいる子ネコに会いにいきました。子ネコをじゃらしながら「できれば飼ってあげたいんだ……」と、こぼすと、子ネコはうれしそうにニャーと鳴いてくれました。

家に帰ってから、私は子ネコを飼いたいと、お母さんに相談してみました。すると、飼っていいと言ってもらえたんです。

翌日、学校に行き、早速、職員室の子ネコに会いにいきました。しかし、子ネコは亡くなっていました。朝、先生が職員室に来たときには、すでに冷たくなっていたそうです。私は、せめてお墓を

作ってあげたいとたのみ、先生といっしょに学校の裏に子ネコのお墓を作ってあげました。そして、暗い気持ちで家に帰り、子ネコが死んでしまったことをお母さんに伝えると、お母さんは「残念だったわね」となぐさめてくれました。

そしてその夜。お父さんをむかえに、お母さんが車を出すことになり、私もいっしょに同行することにしたんです。私を助手席に座らせたお母さんは、暗い夜道に車を走らせていきます。そして、T字路にさしかかると、突然、車の目の前を1匹の白いネコが横切ったのです。

おどろいたお母さんは、「キキー‼」と大きな音をたてて急ブレーキをかけました。そして「危なかった」と、私たちが息をはいたその瞬間。車の目の前を、大型トラックが猛スピードで通り過ぎ、そのトラックは近くのガードレールに激突したんです。あわてて車を降りた私たちは、トラックが煙をあげている光景にぼう然としてしまいましたが、母は、トラックの運転手の安否を確認しようと、トラックのほうへ走っていきました。

そして、まだショックから立ち直れないでいる私の前に、1匹のネコがいることに気がつきました。特徴的ながらをした白い子ネコ。それは、亡くなったはずのあの子ネコでした。子ネコは私に向けてひと声「ニャー」と鳴いてみせると、その姿は暗い夜道にとけこむように、すぅーと消えていきました。

あの子ネコが車の前に現れなければ、私が乗っていた車はトラックと激突していました。あの子ネコが助けてくれたんだ、と思った私は、翌日、子ネコのお墓にお花を供えて、「助けてくれてありがとう」とお礼を言いました。

池のコイ

神奈川県　ユリ

私の通う小学校の裏には池があり、そこにはコイがたくさん泳いでいます。

親友のTは無類のコイ好きで、わざわざ先生にたのみこんで、本来はなかったコイのエサやり係になった子です。毎日、コイにエサをあげてはながめていたTに、私はよく「本当にコイが好きだね」とあきれ混じりに言っていたんです。

しかし、そんなTが病気をわずらい、長期入院することになりました。コイのことを気にするTを安心させるため、そして、いつTが帰ってきてもいいように、私はTに変わってエサやりを担当することを決めました。

Tが入院して数か月経ったある日、池でコイにエサをやろうとすると、なぜか、コイが池のふちの辺りに集まりパシャパシャしているのを発見しました。

私はコイたちが集まるふちの近くにしゃがみこむと、池に映りこむ自分のとなりに優しい笑顔をうかべたTが映っているのが見えました。

おどろいて、となりを見ても、だれもいません。再び池をのぞいてみると、そこにはやはりTがいるんです。

水面に映るTは口をパクパクと動かしていました。Tの声は私には届きません。でも『ありがとう』と言ったのだとわかると、私はとっさに、Tが映る水面に手を入れました。でもTの姿はもう水面にはありませんでした。

翌日、担任の先生が、Tが亡くなったことを教えてくれました。

昨日のTは、最期のお別れを自分と、きっとコイたちに言いにきてくれたのだと思うと、コイ好きのTらしさに、少し笑ってしまいました。

おじいちゃんのおむかえ

東京都　くじら

その日は、九州から大好きなおじいちゃんがやってくる日でした。私は、せっかくおじいちゃんが来るのに、学校に行かないといけないことが、とてもいやでした。でも、放課後におじいちゃんが私をむかえにきてくれたんです。久しぶりに会えたおじいちゃんに、私がだきつくと、おじいちゃんは後ろ手にかくしていたウサギの人形を、プレゼントだと言ってくれたんです。

帰り道の途中、公園に寄り道していくことになりました。私は公園のベンチに座って、学校での出来事をとりとめなく話していると、おじいちゃんはうれしそうに聞いてくれていました。私は、はしゃいだせいで、つかれてしまい、ベンチでウトウトし始めました。おじいちゃんは、そんな私を見て、笑うと「じゃあ、そろそろ行こうかの」と言って、私を背負いました。私はおじいちゃんの背中に安心して、そのままねむってしまったんです。

次に目覚めると、もう朝でした。飛び起きて、リビングに行くと、お父さんが、昨日の飛行機事故で、おじいちゃんが亡くなったと言いました。「まさか！」と思いました。だって、昨日、確かにおじいちゃんと会ったのだから。おじいちゃんと会ったのは夢だったのかと、思いながら、部屋にもどると、ベッドのまくら元には、昨日おじいちゃんからもらった、あのウサギのお人形があったんです。

それを見て、おじいちゃんは天国に行く前に、自分に会いにきてくれたんだとわかり、ウサギの人形をだいて泣いてしまいました。

37人目のクラスメイト

岐阜県　テル

　今年、私は5年生に進級しました。一番後ろの列の席に座る私の位置からは、クラス全体がよく見わたせます。そしてクラスを見回してみると、席は全部うまっています。つまり、欠席している児童はいません。「そろそろ先生が来る時間だな」と思いながら、なんとなく、ざわざわしているクラスの人数を数えてみると、教室には自分をふくめて『37人』いました。クラスメイトは合計36人のはず。あれ？　と、首をひねっていると、先生が来たため、数え間違えたんだと、そのときは思い直したんです。

　新しいクラスになってからは、新しい友だちもできて、楽しい毎日を送っていました。不満点は、いじわるなクラスメイトNに、たびたびいやがらせを受けることくらいでした。

　ある日の放課後。帰りがおそくなった私はだれも残っていない教室にランドセルを取りにもどると、教室のすみっこに、見覚えのない同年代くらいの男の子が窓の外をながめているのを見つけました。「だれだろう?」と、私が声をかけようとした途端、その子の姿はすぅーっと、消えてしまったのです。幽霊だと思った私は怖くなり、にげ出すように教室を出たんです。

その翌日、お昼休みの時間。だれからかわからない手紙がつくえの引き出しに入っているのを見つけました。手紙には「相談したいことがあるの。放課後に体育倉庫まで来て」と書いてありました。いたずらかも、と思いましたが、本当だったときのことを考えると、無視することはできませんでした。

放課後、手紙の通りに体育倉庫で待っていると、突然とびらが閉められました。

「だれ? なんでこんなことするの!!」

そう声をはりあげると、「ざまあみろ」と言い、かけ去っていく音が聞こえました。その声は間違いなくNでした。

窓のない体育倉庫の出入り口はひとつだけ。最初は大声で助けを呼んでいましたが、だんだんとつかれて、その気力もなくなっていきました。そして、「このまま出られないのかな」と、なみだをうかべていると、とびらが開く音が聞こえたんです。だれがとびらを開けてくれたのだろうと、その人物を見ると……。そこには、昨日見た幽霊の少年が立っていたんです。びっくりして声もでない私に、幽霊の少年は「だいじょうぶ？……びっくりさせてごめんね」と言って、また、すぅーっと消えていきました。

　その出来事以降、私はクラスメイトの数を数えて37人だったときには、あの子がまぎれこんでいるのかもしれない、と思うようになったんです。

自分そっくりの幽霊
紗衣
うちの学校の音楽室には古くて大きな鏡があって――
その鏡に新月の日の夕方1人きりで全身を映すと
中からもう1人の自分が出てくるってウワサがあった
ふおお だれもいね――!
有名な音楽家らしいけどいっぱい並んでるとブキミだな~

カク
カク
カク
カク
いくら何でももう1人のオレが出るとかそんなこと…
なんだ〜
もう変顔したりおどったりしないのかい？
ばっ!!

わーっ!
なんだいコレ!
ウワサは本当だったんだ!!
そっか〜!
お前、オレと同じ顔なのに頭いいんだな〜
オレの代わりに明日の算数のテストやってほしいや!
代わってあげようか?

？
オレ 前から一度 鏡の外に出てみたかったんだ
オレと交代してくれたら キミの代わりに算数のテストで100点とってあげるよ
いい話だろ！
そ… そりゃ100点はうれしいけど
でもずっと交代したままだと困る……
もちろん わかってるさ
たった1日だけだよ
…よし！
ぎゅっ
明日1日だけ交代だー!!
100

おまたせ！
どうやったらオレと入れかわれるんだい？
キミとオレの右手を合わせればいいんだ
簡単さ！
わかった
いくよ！
わっ
わ!!
交代完了！

じゃあテスト行ってくるよ
ふよ
ふよ
………
そろそろ交代――…
100
もとにもどしてよ…！
まだいいじゃないか！
もう算数のテスト終わっただろ？

〜〜〜!! いいかげんにしてくれよ!!
いつになったらオレの体を返してくれるんだ!?
オレまだ外で遊び足りないからやだよ♪
ウソツキ!!
算数の時間だけって約束だったじゃないか!!
オレは時間の約束なんかしてないし
キミはその辺で
プカプカういているのがちょうどいいよ!

すっ
オレ…もう
元の体にもどれないのかな…
あ…れ?
なんでだれも乗ってないんだよ!!
ブレーキこわれてるのか?
このまま行ったらオレの体が!!
!!?
元気!!
いいいい今 車がすり抜け……
ダメだ!!
もう間に合わない…っ!!

どん!!
わぁ!!!
え…？
これでもう
だいじょうぶ…
車が
体を
通りぬけた？
ピシッ
もーわけわかんねー!!

パキッ
気がついたら
オレは学校にいて
鏡はこなごなに
割れていた
——オレ
なんで
音楽室に…?
そしてその後
もう1人のオレに
会うことはなかった
もうだいじょうぶ…
きっとアイツは
オレを助ける
ために…
ありがとう
もう1人のオレ

10章
色んな行事で大人気確実！
お化け屋敷を作ろう
怪談好きなら、イベント時にやりたいのがお化け屋敷&
きもだめし。そのやり方をわかりやすく教えちゃうぞ。

お化け屋敷の作り方

お化け屋敷を作るための準備と、その手順を紹介していくぞ。

①しかけの案を出し合おう

まずはどこでお化け屋敷をするのか、場所を相談しよう。場所が決まったら、洋風・和風、どんなテーマのお化け屋敷にするかを、みんなで話し合って決定。

その後は、何をやりたいのか、どんなしかけを盛りこむか、案を出し合おう。

②ルートを図面に起こそう

案がまとまったら、ルートを考えながら、お化け屋敷をやるスペースにしかけが収まるかを図面にしていこう。せっかく考えたからといって、無理にしかけをつめこみ過ぎると、きゅうくつになり、おどろかせるときに失敗しやすい。ひとつひとつのしかけに十分なスペースを確保しながら、図面にまとめよう。

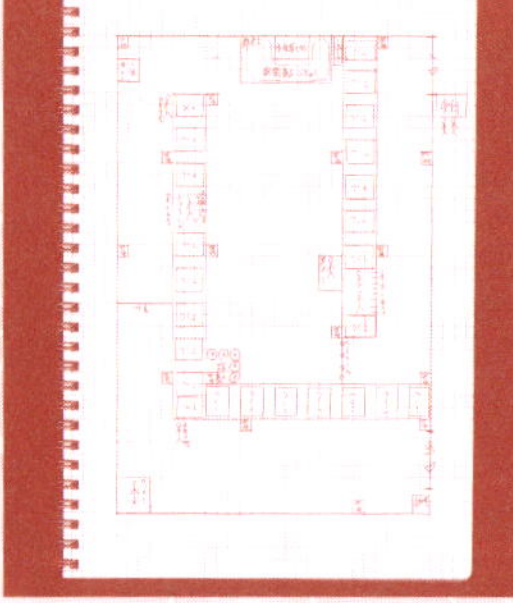

方眼紙を使うと、きれいに図面にまとめやすいぞ。入り口から出口までのルートを考えながら、書こう。

③必要な道具を集めよう

考えたしかけを、どのような材料で作っていくかをチェックしていこう。

その際、必要な材料をどこで手に入れるかもいっしょに考えること。すごいしかけを考えついたからといって、お金がかかるようでは、実際に作ることができないからだ。

カーテンのような学校にあるものや、ダンボールのようにスーパーなどでもらえるものは、借りたりもらったりするようにしよう。

また、失敗したときのことを考え、材料は少し多めに用意しておくといい。

④小道具作りと設営

必要な材料を集めたら、ルートやしかけを作っていこう。刃物は、大人が見ているところで十分に注意して使うこと。

⑤運営の役割を決めよう

お化け屋敷はお化け役だけでは運営できない。お客を案内する受付が不可欠だ。

文化祭で長時間、お化け屋敷をやるなら、お化け役や受付は交代制にしよう。

「霊が宿った人形のもとへお札をおさめにいく」のように、ストーリーやルールを作っていた場合、受付が説明をする。

お化けに化けよう

ここでは怖～いお化けへの化け方を伝授しちゃうぞ！

① ベビーパウダーと食料品を使う

お化けは血色が悪いもの。ベビーパウダーを顔にぬれば、自然に血色の悪さが再現できるぞ。

その上に血のりをつければ、怖さは倍増！ 血のりはトマトペーストやケチャップなら、口に入っても安全だ。

食紅とイチゴシロップをまぜて作った血のりは、口に入っても問題ないうえ、ねっとりとしていて本物の血みたいだぞ。

絵の具を使うと簡単だが、はだあれをする人もいるので、気をつけよう。

② 包帯を全身や顔に巻く

包帯を体中に巻けば、ミイラ男に早変わり。気味の悪い色の服の上から包帯を巻き、下の色をところどころのぞかせると、不気味さアップだ！

包帯を巻いた上に血のりをつければ、怖さは倍増！ なお、包帯の下にはよごれてもいい服を着ること。

③ いらなくなった服や布を使う

ボロボロの服や布を着ても、お化けらしくなるぞ。

もし、家に捨てる服があれば、破いたり、はさみで切りきざもう。そのまま着るよりも、もっと雰囲気が出る。保健室にある白衣を借りるのもいい。


いらなくなった白い紙か布があれば、亡くなった人が頭につける天冠（三角形の白い布）を作ろう。

④ 白いシーツやカーテンをかぶる

ボロボロの服がなければ、白いシーツやカーテンを頭からかぶるだけでも、十分お化けに見えるぞ。

シーツやカーテンをかぶると、見える範囲がせまくなるので、お客をおどろかせるとき、こけないように注意しよう。

⑤ 市販のかぶりものをかぶる

パーティグッズのお店には、仮装用のマスクも売っている。フランケンやゾンビなど、さまざまなお化けに化けられ、バリエーションを増やすのに便利だ。

屋内での準備

ここでは建物の中でのお化け屋敷のやり方を伝授するぞ。

① つくえを重ねて土台を作る

場所が教室なら、ルートのしきりを作るのにつくえを利用するといい。つくえの上に、逆さにした別のつくえを重ねると、ちょうどよい土台になる。

ふたつのつくえはくずれないよう、ビニールテープで結ぼう。テープはゆるまないよう、きつく結ぶこと。

② ダンボールや暗幕でルートを作る

つくえを重ねて作った土台に、ダンボールやカーテンをはるなどして、ルートを作ろう。つくえのひとつひとつにダンボールをはってから並べると、すきまができやすい。まず、つくえを並べてルートを作った後、はっていこう。

③ かべを不気味にかざろう

ルートを作った後は、かべにしたダンボールやカーテンをお化け屋敷らしく不気味にかざりたてよう。

ダンボールなら血のりで手形をつけたり、赤い絵の具で「苦しい……」などの血文字を書いたりすると、不気味な雰囲気が出るぞ。

カーテンをしきりにしている場合は、直に血のりをつけるわけにはいかない。手形や血文字を大きな紙に書いて、カーテンにはりつけるといい。

④ ダンボールや暗幕を窓にはる

部屋は暗くしておく必要がある。ダンボールや黒い布を、窓にすきまなくはって、光が入ってこないようにしよう。

⑤ ルート上に照明を設置する

お化け屋敷内は暗く、そのままではお客が転んでケガをしてしまう恐れがある。そこで、ルート上に照明を置こう。とはいえ、ただ明るくしてしまうと、お化け屋敷の雰囲気がぶち壊しだ。ぼんやりと足元を照らすように工夫しよう。

黒いゴミ袋をはった板に、反射させて照らせば、ちょうどよい明るさに。通路と照明の間に草木を置いてもいい。

屋外での準備

ここでは建物の外できもだめしをするときの準備を教えていくぞ。

①場所を借りよう

外できもだめしをする場合は、どこでやるのかをまず考えよう。

お寺や神社、墓地、自然道などは、お化けが出そうな雰囲気があって、迫力満点のきもだめしになるぞ。通いなれている学校も、校舎に入らずとも、人気のない中庭やプール前を通るようにするだけで、十分、きもだめしのコースになる。

場所が決まったら、先生や親にたのんで、その場所を使っていいかを、管理している人に確認してもらうこと。

②下見してプランを考えよう

場所が決まったら、実際に足を運ぼう。下見するときは、どんなしかけができるか、お客が道を間違えてしまわないかなどを考えながら歩くこと。

その際、どれくらいの時間がかかるかも計っておくといい。あまりに時間がかかるお客は、道に迷ったり、ケガをしたりしていることがわかるからだ。

また、スタート地点とゴール地点は同じ場所だと理想的。きもだめしを運営している人たちが移動しなくてすむ。

③ お客が道を間違えないように！

外できもだめしをする場合、お客が道を間違えてしまう恐れがある。スタート前に、コースを記した地図をわたしておこう。

また、あやまった道に進まないよう、分かれ道には看板を立てておくこと。

道しるべも、ふつうの看板ではつまらない。血のりをつけたり、お化け型の看板にするなど、工夫しよう。

④ しかけは当日に！

外できもだめしをするときは、しかけは当日にしかけたほうがいい。前日にしかけておくと、もし雨がふった場合、しかけが台なしになってしまうからだ。また、せっかく準備したしかけを、だれかにいたずらされ、こわされることもある。

そのため、運ぶのが大変な大じかけより、運びやすいしかけにしたほうがいい。当日に雨がふった場合は中止にしなければならないが、前日に雨がふったときでも、中止が必要なケースもある。道がぬかるんだなか、暗い道を歩くと、転んでケガをする可能性が高まるからだ。

雰囲気を出すためのしかけ

お化け屋敷らしくするための雰囲気作りにも色々な方法があるぞ。

音で雰囲気を出す

木魚をたたいた音や、お経を読む声、ネコの鳴き声などを流すと、不気味な雰囲気満点に！　定番の「ヒュ～ドロドロ～」のような音楽を流してもいい。

足元を不安定にする

通路にダンボールや新聞紙をしこう。ドキドキしているお客は、足元が不安定になることで、より恐怖心が増す。

その新聞紙やダンボールの下に、こんにゃくなどを置いておくと、グニャグニャした感触にふんだ人はビックリ！

また、グニャグニャしたものでなく、卵のパックのようなものでもOK。ふんだ人に、まるで死体の骨をふんだかのように、錯覚させられるぞ。

グニャグニャしたものを突然、ふんだお客は、くさった死体をふんだかのように錯覚し、ビックリする。

🏠は屋内でお化け屋敷をするときのしかけ、🌳は屋外できもだめしをするときのしかけを表している。

においや煙で雰囲気を出す

墓地やお寺をイメージさせる線香などの香りをふりまいておくと、まるでお寺にいるかのような雰囲気を作り出せるぞ。

また、ドライアイスを水につけると出る白いもやも、雰囲気作りに最適。ドライアイスがはだにふれるとやけどを負ってしまうので、軍手をつけて使うように。線香を使う場合、火事になる恐れがあるから、置く場所には先生や親に必ずいっしょにいてもらうこと。

なお、外でにおいや煙を出すと、すぐに消えてしまうので、スタート地点で雰囲気作りとして限定的に設置するといい。

写真や手形で雰囲気を出す

ホラー映画の怪人やお化けの写真、お札などをかべにはると、いっそう不気味な雰囲気に。ふつうの写真もコピー機で白黒にすれば、十分ホラーな写真になる。

また、かべに紙をはったうえで、そこに血のりや手形をつけるのもいい。

手形の血のりは、下に引きのばすと、苦しんでいる印象が強くなって不気味さがアップするぞ。

さわっておどろかせよう

突然さわっておどろかせるのはお化け屋敷の基本だが方法はさまざまだ。

かくれて足をさわる

つくえの下や物かげにかくれ、お客が近づいたら、足をさわろう。足元は注意がいきにくく、お客はびっくりしやすい。

いっせいに大量の手を出す

まず、ルートを作るとき、せまいダンボールの中をひざまづいて通らなければいけないようにする。そのダンボールにいくつかの穴をあけておく。そして、お客がダンボールの中を通っているときに、急に手を入れれば、突然、無数の手にさわられたお客が絶叫すること間違いなしだ。中を通るお客に、ダンボールの周囲に人がいると気づかれないよう、通路はそれなりに長く作っておこう。

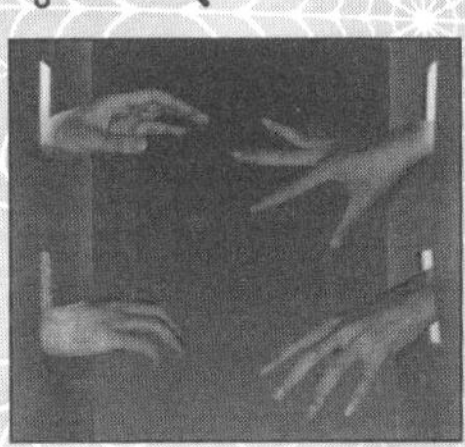

生暖かい水を霧ふきで噴射

霧ふきに入れた水を、お客に見えないところからふきかけよう。水は生暖かい

ものにしておくと、冷たい水よりもお客はびっくりしやすいぞ。

冷やしたこんにゃくをつりざおにさげ、当てる

こんにゃくのようなプルプルしたものをつりざおにぶらさげ、お客の不意をついて当てよう。事前に冷蔵庫で冷やしておくと、びっくりさせやすい。

つり糸やこおったペットボトルをつるす

お化け屋敷の中はうす暗く、天井や足元のしかけはお客に気づかれにくい。天井にこおったペットボトルをぶらさげておくと、ペットボトルについたひんやりとした水滴がぽたぽたと落ち、それにふれたお客をびっくりさせられる。透明の細いつり糸をぶらさげておいても、不意にふれたお客はびっくりするぞ。発見されることを前提に、気持ち悪い虫の人形などをぶらさげておいてもいい。

急に動いてびっくりさせよう

突然、物が動くと、人はびっくりする。急な動きでおどろかせ！

物かげから突然、現れよう

お客に見つからないよう、物かげにかくれて、突然現れよう。そのとき、声をあげながら現れると、よりびっくりさせられる。逆に、声を出さずに現れれば、不気味な印象をお客に与えられるぞ。

屋内にお化け屋敷を作るのなら、そうじ道具入れのロッカーや、ダンボールで作るルートで、お化けがかくれられるような場所を作っておくといい。

屋外できもだめしをする場合は、草木やお墓のかげにかくれよう。

背後からおどろかせれば怖さMAX！

お客の注意は前に向いている。かくれた場所から急に現れておどろかせる場合、お客が通り過ぎた後に、後ろから現れよう。

黒いポリ袋の中にかくれる

お化けに化けた後、ゴミ捨て用の黒いポリ袋をかぶってかくれよう。お客が近づいたら、一気に袋をぬいで、不意打ちでおどろかせるのだ。ゴミ袋は、切り開いてはり合わせれば大きくでき、重ねれば中がすけてお客に見えることもない。

中にかくれたお化け役が、お客の接近に気づくように、空気穴もかねた小さなのぞき穴をあけておこう。

音で動く人形にカツラをかぶせる

音に反応して動くおもちゃの人形を利用したおどろかせ方。ただ、人形の姿のままでは、動いてもお客はおどろかない。人形が見えないようカツラをかぶせたり、新聞紙でくるんだりして不気味にしよう。

物音や音楽で怖がらせる

物静かなお化け屋敷で、急に物音がひびけば、ドッキリ効果バツグン。

人が通過したわきで風船を割る

風船の破裂音はかなり効果的。割るときは、針をつきさせば簡単だぞ。事前準備として、大量の風船を前もってふくらませておこう。

大声をあげる

お客に見えない位置から、突然、大きな声や泣き声、金切り声などをあげよう。急な音にお客はびっくりするぞ。
口にする内容はまったく意味不明なものか、「苦しい……」のような生きている人をうらんでいる幽霊が言いそうなセリフにするといい。

クサリを物にたたきつける

クサリをかべやゆかにたたきつけると、凶悪な金属音が鳴りひびき、お客の恐怖心をあおってくれるぞ。

ただ、クサリをふりまわすときは、他人に当たらないところでやること。また、自分に当たってしまうこともあるので、注意が必要だ。

録音した音を再生させる

ピアノのような、教室や屋外に運ぶのが難しい大きな楽器でも、その音を録音機に録音しておけば、教室でも屋外でもおどろかせる音として使える。

また、市販のCDなどには、きもだめし用の恐怖音楽集もある。図書館やレンタルビデオ屋で借りてこよう。

空き缶を転がす

ローラーのように転がすのではなく、空き缶ははねさせながら転がそう。缶がはねる甲高い音が不規則に鳴りひびく。

缶に穴をあけ、ひもで結んでおけば、暗がりでも回収が簡単だ。

草木をゆする

しげみがユサユサとゆれる音は、正体不明の存在がそこにいると、人にイメージさせる。そこで、お客が通り過ぎるときをねらい、ユサユサと音を立てればお客は、勝手に不気味な存在をイメージしてくれる。屋内では、植木ばちに植わった草木を持ちこんでゆらせばいい。

また、草木をゆらしてお客の注意をひきつけ、反対側からお化けが現れて不意打ちするといっそう効果的だ。

高度なしかけ

お客が予想もしないようなしかけを作りたい人に㊙企画を披露。

人形を遠隔操作する

必要なものは人形と携帯電話。人形を切り開いて携帯電話を入れ、お客にバレないよう、ぬいなおして元通りにしよう。

中の携帯電話に電話をかけ、音が出る設定にしていれば、突然、音が鳴りひびき、バイブ設定にしておけば、突然、人形がふるえ出し、お客はビックリ!

なお、お客に人形を持ち運んでもらう必要がある。お客にあやしまれないよう、「霊を供養するため、人形をお墓に置いてくる」など、理由を作っておくといい。

お化け屋敷の注意事項

気がつかないと失敗のもととなってしまうことを教えておこう。

自分たちで試しておこう

お化け屋敷の準備が完了したら、一度、自分たちで試しておくといい。改良したほうがいい部分が見つかることもあるし、お客が入場して大体どれくらいの時間でどこを通るのかもわかるからだ。

目安の通過時間をはかっておいて、当日、お客がスタートするとき、「×名様、いってらっしゃい～」などと受付の担当者に言わせるといい。お化け役が、お客をおどろかせる心の準備ができるからだ。

お客にケガをさせないように！

お化け屋敷やきもだめしは暗いところでやるため、足元は見えにくくなる。そこで、お客がこけたり、何かにぶつかったりして、ケガをする可能性がある。お客には事前に「走らないこと」と厳重に注意しておこう。

また、お客に限らず、だれかがケガをしたときのことを考え、救急箱を用意しておくといい。とくに屋外できもだめしをやる場合は、必ず持っていくように。

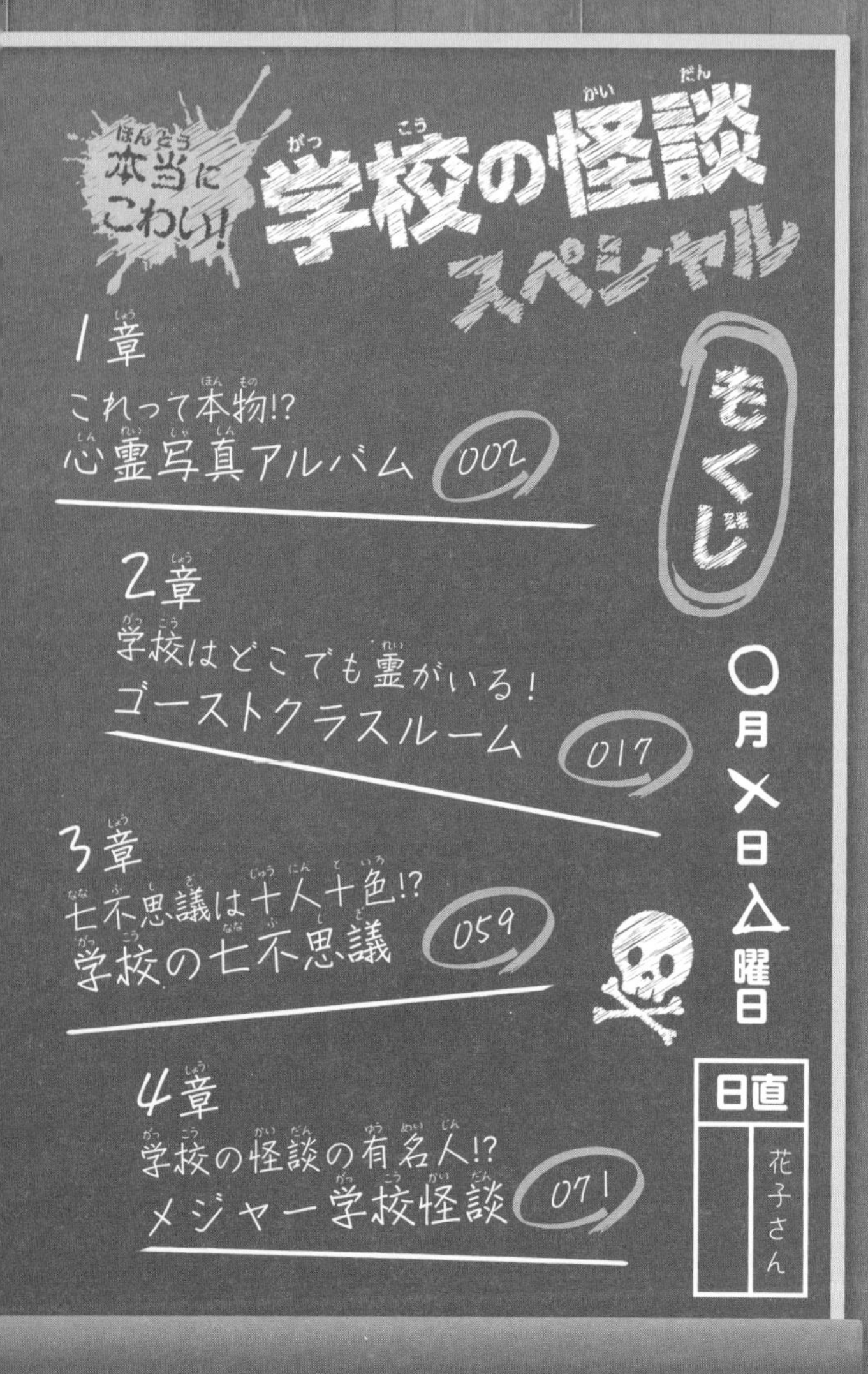

本当にこわい！学校の怪談スペシャル

2017年5月10日　初版第1刷発行
2024年7月18日　初版第6刷発行

編　者　実業之日本社
発行者　岩野裕一
発行所　株式会社実業之日本社
〒107-0062
東京都港区南青山6-6-22
emergence 2
電話（編集）03-6809-0452
（販売）03-6809-0495
https://www.j-n.co.jp/

印刷・製本　大日本印刷株式会社

●制作スタッフ●

カバーイラスト／いのうえたかこ

本文マンガ／南野まりこ
イチゼン
朝日曼耀
紗衣
藤井昌子

本文イラスト／乙樹
衣丘わこ
たはらひとえ
ノムラ＝ポレポレ
Lem
金田正太郎
喜多嶋セツ

本文デザイン／児山奈津子
（ウェッジホールディングス）

本文デザイン／佐々木由幸
（ウェッジホールディングス）

文／池田智美

ISBN978-4-408-33705-0（第一趣味）